読む力

初中級

コミュニカ学院

［監修］奥田純子

［編著］竹田悦子・久次優子・丸山友子

矢田まり子・内田さつき

くろしお出版

　みなさんは、読む力とは、どのような力だと思いますか？　速く読むこと、大切なところだけを探してさっと読むことなど、読む力と言っても、さまざまなタイプがあります。その中で、「読む力」シリーズは、最終的にクリティカル・リーディング（書かれたことを鵜呑みにせずに、批判的に読むこと）の力を身につけることを目的としています。そのため、中上級編ではターゲットのクリティカル・リーディングそのものが、中級編ではその土台となるアカデミック・リーディングが学べるようになっています。

　クリティカルに何かを読んだり考えたりする力は、大学や大学院で学んだり、研究したりするのに必要な力です。それだけではなく、社会で働いたり、子育てをしたり、あるいは、買い物や食事など、日常生活を送る上でも大切な能力です。言葉を使って、よりよく生きる力として、すべての人に必要不可欠なものです。

　そのようなクリティカル・リーディングを目指した読みの第一歩は、まず、テキストを筆者の立場から理解することです。これは、追体験とも呼ばれていて、アカデミック・リーディングの基礎ともなります。本書、初中級編では、まず、この追体験を中心にした読み方が学べるように、みなさんにとって身近な内容やテーマを選びました。また、初級を終えたばかりのみなさんにも読みやすいように原著を一部リライトした読み物を用意しました。さらに、本書のユニークな点は、実際の日本語学習者が書いた作文を載せているところです。

　さあ、みなさん、本書での追体験を入口に、アカデミックからクリティカルへと続く、新しい読みの世界に向かって、果敢に挑戦を始めてください。

2020 年　神戸にて春風の六甲山を仰ぎつつ

奥田純子

目　次
もく　じ

別冊 Supplementary Text 附册 附冊 별책부록 Sách phụ lục
（べっさつ）

スキル一覧表 Skills Table 技能一览表 技能表 스킬 일람표 Bảng tổng hợp kỹ năng
（いちらんひょう）

語彙リスト Vocabulary List 词汇一览表 詞彙表 어휘 리스트 Danh sách từ vựng
（ごい）

解答例 Answer Key 解答例 參考答案 해답예 Ví dụ giải đáp
（かいとうれい）

■ **DL MATERIALS** (Translation)

□ **この本の使い方**

How to Use This Book 此书的使用方法 這本書的使用方法
이 책의 사용법 Cách sử dụng sách này

□ **語彙リスト**
（ごい）

Vocabulary List 词汇一览表 詞彙表
어휘 리스트 Danh sách từ vựng

この本の使い方

この本はこんな学習者にピッタリ！

○ アカデミックな読みができるようになりたい人
○ 日本語能力試験 N3 はちょうどよく、N2 はまだ難しいと感じる人
○ CEFR B1 前半レベルの勉強がしたい人
○ これから日本留学試験を目指して勉強を始める人

Translation

この本の使い方： English
　　　　　　　　中文（简体）
　　　　　　　　中文（繁體）
　　　　　　　　한국어
　　　　　　　　Tiếng Việt

この本の特徴

特徴 1　学習目標が見える！

学習目標

| できること 1 | この本で達成する大きな学習目標です。 |

| できること 2 | 「できること 1」を細かく分けたものです。ここを見れば、その課の勉強は何のためか、これを勉強すると何ができるかがわかります。 |

	できること 1	できること 2	
第1課〜第6課	易しい文章を読んで、論理・意図・要点や、筆者の提案・アドバイスがつかめる	祝辞やエッセイを読んで、論理や意図がつかめる	第1課、第2課
		実用書やエッセイの一節を読んで、情報を比べ、要点がつかめる	第3課、第4課
		スピーチ原稿やエッセイを読んで、筆者の提案・アドバイスがつかめる	第5課、第6課
第7課〜第11課	リライトされた易しめの文章を読んで、要点や筆者の主張・意図・メッセージがつかめる	実用書や教養書の一節を読んで、要点や筆者の意図がつかめる	第7課、第8課
		2つのエッセイを読んで比べ、それぞれの筆者の主張がつかめる	第9課、第10課
		エッセイを読んで、筆者のメッセージがつかめる	第11課
第12課〜第14課	生の文章を読んで、筆者の思い・意図がつかめる	ドキュメンタリーや新聞のコラムを読んで、筆者の意図がつかめる	第12課、第13課
		あいさつを読んで、筆者の思いがつかめる	第14課

特徴2 必要なスキルがはっきりわかる！

「スキル表」を見れば、この課の「学習目標」と、目標達成のために「この課で身につけるスキル」がわかります。その「スキル（技能）」を身につけるための練習問題が、「タスク」（「全体把握」と「認知タスク」）です。このページを見ると、「タスク（問題）」⇒「スキル（技能）」⇒「学習目標（できること）」の関係がはっきり見えます。

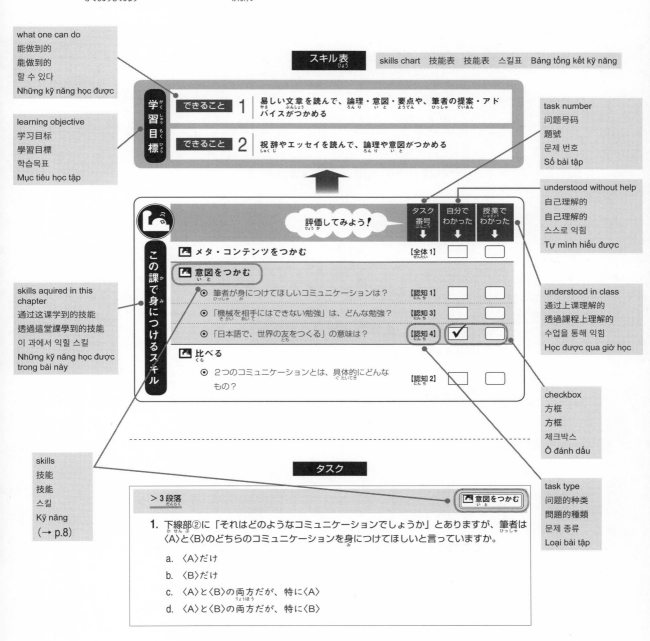

what one can do
能做到的
能做到的
할 수 있다
Những kỹ năng học được

learning objective
学习目标
學習目標
학습목표
Mục tiêu học tập

skills aquired in this chapter
通过这课学到的技能
透過這堂課學到的技能
이 과에서 익힐 스킬
Những kỹ năng học được trong bài này

skills
技能
技能
스킬
Kỹ năng
(→ p.8)

スキル表　skills chart　技能表　技能表　스킬표　Bảng tổng kết kỹ năng

task number
问题号码
題號
문제 번호
Số bài tập

understood without help
自己理解的
自己理解的
스스로 익힘
Tự mình hiểu được

understood in class
通过上课理解的
透過課程上理解的
수업을 통해 익힘
Học được qua giờ học

checkbox
方框
方框
체크박스
Ô đánh dấu

task type
问题的种类
問題的種類
문제 종류
Loại bài tập

学習目標

できること 1　易しい文章を読んで、論理・意図・要点や、筆者の提案・アドバイスがつかめる

できること 2　祝辞やエッセイを読んで、論理や意図がつかめる

評価してみよう！

タスク番号　自分でわかった　授業でわかった

📘 メタ・コンテンツをつかむ 【全体1】

📘 意図をつかむ
・筆者が身につけてほしいコミュニケーションは？ 【認知1】
・「機械を相手にはできない勉強」は、どんな勉強？ 【認知3】
・「日本語で、世界の友をつくる」の意味は？ 【認知4】 ✓

📘 比べる
・2つのコミュニケーションとは、具体的にどんなもの？ 【認知2】

この課で身につけるスキル

タスク

＞3段落　　　　📘意図をつかむ

1. 下線部②に「それはどのようなコミュニケーションでしょうか」とありますが、筆者は〈A〉と〈B〉のどちらのコミュニケーションを身につけてほしいと言っていますか。

　　a.　〈A〉だけ
　　b.　〈B〉だけ
　　c.　〈A〉と〈B〉の両方だが、特に〈A〉
　　d.　〈A〉と〈B〉の両方だが、特に〈B〉

7

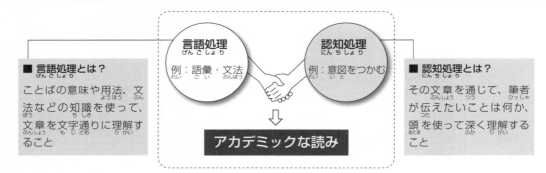 メタ・コンテンツをつかむ	テキストの内容をメタ的に（＝少し上のレベルから）捉えて、抽象的に言い換えます。内容の要約ではありません。
論理をつかむ	話の筋を理解し、「なぜ、そう言えるのか」「次にどうなるか」を捉えます。
意図をつかむ	言葉通りの意味だけでなく、そこで筆者が本当に言いたいことを理解します。
主張をつかむ	その文章を通じて筆者が伝えたい考え（意見）を捉えます。
情報を見つける	必要な情報がどこに書いてあるか探して、取り出します。
比べる	「Aは〜だが、Bは〜だ」のように、何かを分けたり比べたりします。筆者だけの特別な分け方の場合もあります。
何の例かをつかむ	具体例を見て、それが「何を説明するための例なのか」を理解します。「どんな例か」ではありません。

特徴3 アカデミックな読みを可能にする3種類のタスク

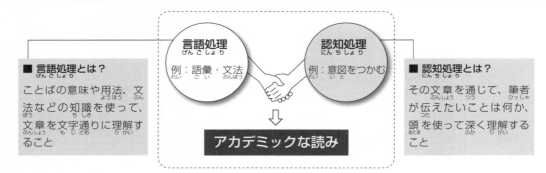

■ 言語処理とは？
ことばの意味や用法、文法などの知識を使って、文章を文字通りに理解すること

言語処理
例：語彙・文法

認知処理
例：意図をつかむ

アカデミックな読み

■ 認知処理とは？
その文章を通じて、筆者が伝えたいことは何か、頭を使って深く理解すること

1. 全体把握

メタ・コンテンツ（→ p.9）と文章の種類を問うタスクです。細かい部分の理解ではなく、そのテキストが全体として何を伝えようとしているかを、大きくつかみます。特にメタ・コンテンツを短いフレーズにまとめる力は、進学後のレポートやレジュメ、就職後の仕事の報告にとても役に立ちます。

2. 言語タスク

「言語処理」のタスク、つまり、文章の意味を文字通りに理解するタスクです。「認知タスク」を解く前に、必要な言語処理ができているか、深い読みに進む準備がOKか、タスクを解いてチェックしましょう。

3. 認知タスク

アカデミックなタスク、つまり、「言語処理」と「認知処理」が同時に必要なタスクです。「認知処理」とは、頭を使って、その文章で筆者が伝えようとしていることを深く読み取ることです。日本留学試験で問われるのと、同タイプのタスクです。

▌メタ・コンテンツとは？ ▌

コンテンツ（内容）そのものではなく、内容をメタ（meta-）に（少し上のレベルから）つかんで、抽象的に言い換えたものです。トピックでも要約でもありません。

➡ 「コンテンツ」と「メタ・コンテンツ」の違いは？

① 日曜日の外出について話します。人気のパンケーキの店に行きました。人がたくさん並んでいて、1時間も待ちましたが、パンケーキはふわふわで、とてもおいしかったです。

 △ 人気のパンケーキの店に行ったら、1時間も待ったが、おいしかった。
                 ←コンテンツ

 〇 日曜日の外出でしたこととその感想 ←メタ・コンテンツ
 × パンケーキの店 ←トピック

② 家族は5人です。父と母と姉と弟と私です。両親は会社員です。姉も会社員です。弟は高校生です。みんなスポーツが好きで、仲がいいです。時々、いっしょに山登りをします。

 △ 家族は両親と姉と弟で、みんなスポーツ好きだ。 ←コンテンツ
 〇 5人家族の職業と好きなことの紹介 ←メタ・コンテンツ
 × 家族 ←トピック

③ 先生、初中級クラスのリンです。今日、朝から熱があって、測ったら38.7℃でした。それで病院に行ったら、インフルエンザだと言われたので、今日は学校に行けません。たぶん今週はずっと行けないと思います。

 △ インフルエンザで、今週は学校に行けない。 ←コンテンツ
 〇 欠席の理由と予定の連絡 ←メタ・コンテンツ
 × インフルエンザ／欠席 ←トピック

1 読む前に

この課のトピックやテーマに関係のある質問です。テキストを読む準備になります。

2 学習目標（スキル表）

この課の学習で、何ができるようになるのか確認します。

3 この課で身につけるスキル（スキル表）

学習目標の達成に必要なスキルです。スキルを意識してタスク（問題）を解くことによって、スキルが身につき、読む力が伸びます。

4 テキスト

この本には、次の2種類のテキストがあります。

1）書き下ろし … この本のために書いたエッセイと日本語学習者の作文
2）生の文章 　… 多少リライトしてあるものと、そのままのもの

生の文章はエッセイ・実用書など、多様なテキストが選ばれています。易しいテキストから段階的にアカデミックな読みに慣れ、中級での深い読みに橋をかけます。

5 全体把握・言語タスク・認知タスク

1．まず、テキスト全体をざっと読みます。語彙リストや辞書は見ません。すぐに「全体把握」を解いて、大まかな理解を確かめます。ここでわからなくても、先に進みます。

2．次に、テキストをもう一度じっくり読みます。このときは、語彙リストや辞書を見てもいいです。「言語タスク」と「認知タスク」を解いて、「解答例」で答え合わせをします。「認知タスク」ではスキルを意識しましょう。「文章の意味はわかるのに、問題の答えがわからない」というときに、その段落や文を何度も読み直すことによって、読む力がぐんと伸びます。

3．最後に、テキスト全体を通して読み、もう一度、「全体把握」で自分の理解を確認します。

6 スキル表をチェックする

▶自分ひとりでできた場合 ＝ 「自分でわかった」にチェック ☑

▶授業の中でクラスメートや先生の助けを借りながら理解できた場合
　　　　　　　 ＝ 「授業でわかった」にチェック ☑

7 スキル一覧表（別冊）

その課の学習を終えたら、身についたスキルを自己評価し、チェックしましょう。この一覧表で各スキルを横に見たときに、「自分でわかった」が多いスキルは読解に関して自分が得意なところ、「授業でわかった」が多いスキルは今後意識して伸ばすといいところです。

■ルビについて（ふりがな）

日本語能力試験のN3レベル相当（旧日本語能力試験2級）以上の漢字を使う語と、固有名詞についています（タスクは問題ごとに初出のみ）。

■頭と言葉のエクササイズ

「認知タスク」を解くための基礎は、しっかりした言語処理です。この「頭と言葉のエクササイズ」で、認知処理のための言葉の使い方を練習しましょう。各課の内容とは独立なので、気分転換として気軽に取り組んでください。

■別冊について

○スキル一覧表：学習を終えたら、チェックし、自己評価をしましょう。

○語彙リスト：主に、各課のN3レベル以上の語彙とN4、N5レベルでも難しい語彙をリスト化してあります。翻訳（英語、中国語（簡体字、繁体字）、韓国語、ベトナム語）はweb上に載せていますので、学習に役立ててください。

○解答例：各タスクと、「頭と言葉のエクササイズ」の解答例が載せてあります。

Translation

語彙リスト： English
中文（简体）
中文（繁體）
한국어
Tiếng Việt

「具体」と「抽象」
（ぐ たい）（ちゅうしょう）

言葉には具体的なものと、抽象的なものがあります。言葉の抽象度がわかると、
アカデミックな読みに役立ちます。

1. 次のグループに入る言葉を書きましょう。

道具（どうぐ）		
文房具（ぶんぼうぐ）	調理器具（ちょうり き ぐ）	運動用具（うんどうようぐ）
えんぴつ 消しゴム（け） はさみ 定規（じょうぎ）		

抽象（ちゅうしょう）↑↓ 具体（ぐ たい）

2. 今度は下の言葉を見て、グループに名前をつけましょう。
（こん ど）（こと ば）

ハト ツバメ カラス	マグロ タイ イワシ	カブトムシ ハチ トンボ

抽象（ちゅうしょう）↑↓ 具体（ぐ たい）

3. 下の①～④の(　　)には □ のa.～e.から適当なものを選び、ア)とイ)の＿＿＿に
は適当な言葉を書いて、文章を完成させましょう。
（こと ば）（ぶんしょう かんせい）

①(　　　　　)のためには、

②(　　　　　)・食事に気をつける・③(　　　　　)、この3つが大切です。

ア)＿＿＿＿＿＿＿＿＿、イ)＿＿＿＿＿＿＿＿＿、④(　　　　　)など、

小さなことでいいので、今日から始めてみませんか。

抽象（ちゅうしょう）↑↓ 具体（ぐ たい）

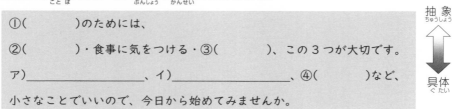

a. 運動をする　　b. 健康管理（けんこうかん り）　　c. パソコンを使う

d. エレベーターをやめて階段を使う（かいだん）　　e. 睡眠をとる（すいみん）

第**1**課
だい　　　か

日本語で
世界の友をつくる
とも

1. あなたが日本語を勉強する目的は何ですか。
もくてき

2. あなたは、母語の違う友達と何語でコミュニケーションしていま
ぼ　ご　ちが　ともだち
すか。

<table>
<tr><td rowspan="2">学習目標
（がくしゅうもくひょう）</td><td>できること **1**</td><td>易しい文章を読んで、論理・意図・要点や、筆者の提案・アドバイスがつかめる
（やさしい ぶんしょう／ろんり／いと／ようてん／ひっしゃ／ていあん）</td></tr>
<tr><td>できること **2**</td><td>祝辞やエッセイを読んで、論理や意図がつかめる
（しゅくじ／ろんり／いと）</td></tr>
</table>

		タスク 番号 （ばんごう） ↓	自分で わかった ↓	授業で わかった （じゅぎょう） ↓
この課で身につけるスキル （か）（み）	評価してみよう！ （ひょうか）			
	メタ・コンテンツをつかむ	【全体1】 （ぜんたい）	☐	☐
	意図をつかむ （いと）			
	◉ 筆者が身につけてほしいコミュニケーションは？ （ひっしゃ）（み）	【認知1】 （にんち）	☐	☐
	◉ 「機械を相手にはできない勉強」は、どんな勉強？ （きかい）（あいて）	【認知3】 （にんち）	☐	☐
	◉ 「日本語で、世界の友をつくる」の意味は？ （とも）	【認知4】 （にんち）	☐	☐
	比べる （くら）			
	◉ 2つのコミュニケーションとは、具体的にどんなもの？ （ぐたいてき）	【認知2】 （にんち）	☐	☐

日本語で世界の友をつくる

ある日本語学校の入学式で、校長先生が次のような話をしました。　1

新入生の皆さん、入学おめでとう！　2

皆さんが日本語を勉強するのは、①何のためでしょうか。　3
進学や就職、趣味や教養など、目的はさまざまでも、コミュニケーションを目指すという点は同じでしょう。ところで、②それはどのようなコミュニケーションでしょうか。

実は、コミュニケーションには2種類あります。ひとつは、〈A〉情報の授受のためのコミュニケーション（transaction）です。たとえば、ものの値段を尋ねる。道具の使い方を説明する。それも大切ですが、それで十分でしょうか。このタイプは、③AI（人工知能）の発達によって、機械でもある程度可能になりました。しかし、AIには扱えない、もうひとつのコミュニケーションがあります。それは、〈B〉人と人をつなぐ、つまり、関係をつくるコミュニケーション（interaction）です。どうせ学ぶなら、④機械を相手にはできない勉強をしてほしいと思います。　4

今、世界のリンガフランカ（共通語）は英語ですが、⑤ここでのリンガフランカは日本語です。⑥ここでは、世界中から来た留学生が学んでいます。その一人一人は、ここに来なければけっして出会えなかった、かけがえのない仲間なのです。ここでの経験、ここで仲間とつくる関係は、その一つ一つが固有のものです。それは皆さんにとって一生の宝物となるでしょう。さあ、⑦日本語で、世界の友をつくりましょう！　5

以上を、私から皆さんへのお祝いのことばとします。　6

15

1. この文章のメタ・コンテンツは何ですか。{ }の中の適当なものを選びなさい。
ぶんしょう 　　　　　　　　　　　　　　　　　　　　てきとう　　えら

2 種類の{a. 日本語 　b. 勉強 　c. コミュニケーション}についての解説と、
しゅるい　　　　　　　　　　　　　　　　　　　　　　　　　　かいせつ

{a. 日本語 　b. 文化 　c. 専門知識}を学ぶ留学生への{a. 連絡 　b. 提言 　c. 注意}
　　　　　　ぶんか　 せんもんちしき　 まな　りゅうがくせい　　 れんらく　 ていげん　 ちゅうい

■言 語 タ ス ク■
げん ご

> 3 段落
だんらく

1. 下線部①の答えは、何ですか。
かせんぶ

　a. 目的は違っても、コミュニケーションのためという点は共通だ。
　　 もくてき ちが　　　　　　　　　　　　　　　　　　　　てん きょうつう

　b. 目的は一人一人違っていて、共通点はない。

　c. 仕事を見つけるため。

　d. 大学に行くため。

> 4 段落
だんらく

2. 下線部③は、〈A〉と〈B〉のどちらのタイプのコミュニケーションのことですか。
かせんぶ

　〈A〉情報の授受のためのコミュニケーション（transaction）
　　　 じょうほう じゅじゅ

　〈B〉人と人をつなぐ、つまり、関係をつくるコミュニケーション（interaction）
　　　　　　　　　　　　　　　 かんけい

> 5 段落
だんらく

3. 下線部⑤は、どのような意味ですか。
かせんぶ

　a. ここではだれもが日本語しか話せない。

　b. ここでは日本語を話してはいけない。

　c. ここでは日本語を話さなければならない。

　d. ここでは日本語ならだれとでも話ができる。

> **5 段落**
>   だんらく

4. 下線部⑥は、どのような場所ですか。
　 かせんぶ　　　　　　　　　　　 ばしょ

　　a.　世界中から来た留学生が人工知能の研究をしている学校
　　　　　　　　　　　　りゅうがくせい　じんこうち のう

　　b.　世界中から来た留学生が日本語を勉強している学校

　　c.　日本から来た留学生が英語を勉強している学校

　　d.　日本の学生や社会人が英語を勉強している学校
　　　　　　　　　　しゃかいじん

■認 知 タ ス ク■
　　　にん　ち

> **3 段落**
>   だんらく
　　　　　　　　　　　　　　　　　　　　　　　　　　　　　　🖼 意図をつかむ
　　　　　　　　　　　　　　　　　　　　　　　　　　　　　　　　 い と

1. 下線部②に「それはどのようなコミュニケーションでしょうか」とありますが、筆者は
　 かせんぶ　　　　　　　　　　　　　　　　　　　　　　　　　　　　　　　　　　ひっしゃ
　 〈A〉と〈B〉のどちらのコミュニケーションを身につけてほしいと言っていますか。
　　　　　　　　　　　　　　　　　　　　　　　 み

　　a.　〈A〉だけ

　　b.　〈B〉だけ

　　c.　〈A〉と〈B〉の両方だが、特に〈A〉
　　　　　　　　　　　りょうほう

　　d.　〈A〉と〈B〉の両方だが、特に〈B〉

> **4 段落**
>   だんらく
　　　　　　　　　　　　　　　　　　　　　　　　　　　　　　🖼 比べる
　　　　　　　　　　　　　　　　　　　　　　　　　　　　　　　　くら

2. 次の a.〜e. の例は、〈A〉と〈B〉のどちらのタイプのコミュニケーションにより近いですか。
　 つぎ　　　　　れい

　　a.　友人と共通の趣味について話す。　　　　　　　　　　　　〈A〉・〈B〉
　　　　ゆうじん きょうつう しゅみ

　　b.　荷物を受け取る日と時間を指定する。　　　　　　　　　　〈A〉・〈B〉
　　　　にもつ　う と　　　　　　　 してい

　　c.　料理の作り方をインターネットで調べる。　　　　　　　　〈A〉・〈B〉
　　　　　　　　　　　　　　　　　　しら

　　d.　料理の作り方を教えてもらい、一緒に作って食べる。　　　〈A〉・〈B〉
　　　　　　　　　　　　　　　　いっしょ

　　e.　悩み事を聞いて、一緒に解決策を考える。　　　　　　　　〈A〉・〈B〉
　　　　なや ごと　　　　　　　かいけつさく

3. 下線部④は、どのような勉強ですか。
かせんぶ

 a. 人間が機械に勝てない分野の勉強
   にんげん きかい か ぶんや

 b. 人間にしか味わえない音楽や美術の勉強
     あじ びじゅつ

 c. 情報を正しくやりとりできる日本語力を身につける勉強
   じょうほう りょく み

 d. 人と人をつなぐコミュニケーションの仕方を身につける勉強
     しかた

4. 下線部⑦は、どのような意味ですか。
かせんぶ

 a. 日本語を一緒に勉強できる仲間を世界中に持とう。
   いっしょ なかま

 b. 日本語の勉強を通して世界の国々のことをもっと知ろう。
    とお くにぐに

 c. 世界各地から来た留学生と、日本語を使って友達になろう。
   かくち りゅうがくせい ともだち

 d. 日本語の世界、つまり日本で日本人の友達をつくろう。

第 **2** 課　勇気を出して
だい　　　か　　　　　ゆう　き

1. 今まで、「日本語を話すのがこわい」と感じたことがありますか。
かん

2. 日本語で誰かと話をして、「自分の気持ちが伝わった！」と感じ
だれ　　　　　　　　　　　　　　　　　　　　　つた
た経験がありますか。
けいけん

勇気を出して
ゆうき

VISCOGLIOSI MARCO（著）
ヴィスコリオスィ マルコ ちょ
［イタリア］

初めて日本に来たとき、日本語があまりできなかった。授業は長いし、毎日新しい文法や漢字も勉強しなければならなくて、①本当に大変だった。1週間ぐらい経った頃、クラスの友達が「疲れたね！　おいしいものを食べたいな」と言った。それで、先輩からおいしいと聞いたお好み焼きを食べに行くことにした。

学校の近くのお好み焼き屋に入ると、店主が「いらっしゃいませ」と言った。②優しそうなおばあさんだったが、英語はまったく話せないようだった。③メニューを見ても、英語はない。④「ああ、まずい！」と思った。おばあさんがテーブルに近づき、「お好み焼きの作り方、知っていますか」と話しかけてきた。知らないと答えると、おばあさんは笑って説明を始めた。⑤簡単な日本語と手振りで話してくれたので理解できた。それから、お好み焼きやピザやイタリアのことなど、⑥いろいろな話をした。教室の外でこんなに日本語を話したのは初めてだった。初対面なのに、一気に距離が縮まった。

⑦それまでは、日本語を話すのがこわかった。いつも「ああ、言葉を忘れた」とか「この文法の使い方がわからない」と緊張した。しかし、このおばあさんと会話ができたおかげで、⑧自信が生まれた。⑨自分の声が相手に届いたことがわかった。

私たちは学生だ。毎日新しいことを学ぶのは、すばらしいことだと思う。日本語は難しくても、がんばれば必ず上達する。言葉を忘れたり文法を間違ったりしても大丈夫だ。だから、恥ずかしがらないで、人と話をしよう。少しの勇気を出せば、あなたの思いは相手の心に、　　ア　　。

1. この文章のメタ・コンテンツは何ですか。{　　}の中の適当なものを選びなさい。
　　　　ぶんしょう　　　　　　　　　　　　　　　　　　　　　　　　　　　　　　てきとう　　　　　　　えら

　　一人の学生が{ a. 日本語学習者　　b. 旅行者　　c. 客 }の立場から行った
　　　　　　　　　　　　がくしゅうしゃ　　　　　りょこうしゃ　　　きゃく　　たち　ば　　おこな
　　{ a. 毎日の努力　　b. 注意深い態度　　c. 積極的なコミュニケーション }の勧め
　　　　　まいにち　ど りょく　　ちゅう い ぶか　たい ど　　せっきょくてき　　　　　　　　　　　　　　　　　　　すす

2. 文章の種類は何ですか。
　　　ぶんしょう　しゅるい

　　a. 新聞記事　　　b. 手紙　　　c. エッセイ　　　d. 小説
　　　　しんぶん き じ　　　　て がみ　　　　　　　　　　　　　　　しょうせつ

■ 言 語 タ ス ク ■
　　　　げん　ご

> **1段落**
　　だんらく

1. 下線部①は、何が「大変」でしたか。
　　か せん ぶ　　　なに　　たいへん

　　a.　外国での生活
　　　　　がいこく　　せいかつ
　　b.　友達との会話
　　　　　ともだち　　かいわ
　　c.　留学先での勉強
　　　　　りゅうがくさき　　べんきょう
　　d.　慣れない食生活
　　　　　な　　　しょくせいかつ

> **2段落**
　　だんらく

2. 下線部②は、誰を指していますか。
　　か せん ぶ　　　だれ　さ

　　a.　筆者の祖母
　　　　　ひっしゃ　そ ぼ
　　b.　近所に住む老人
　　　　　きんじょ　す　ろうじん
　　c.　お好み焼き屋の客
　　　　　この　や　や　きゃく
　　d.　お好み焼き屋の店主
　　　　　この　や　や　てんしゅ

3. 下線部④は、どのような意味ですか。

   a.　メニューにある料理がまずそうだ。

   b.　お好み焼きを食べたらまずかった。

   c.　英語が通じないとわかって困った。

   d.　この店は値段が高すぎると思った。

4. 下線部⑤と⑥は、それぞれ誰のことですか。{　　}の中の適当なものを選びなさい。

  ・{筆者・おばあさん・両方}が簡単な日本語と手振りで話してくれた。

  ・{筆者・おばあさん・両方}が理解できた。

  ・{筆者・おばあさん・両方}がいろいろな話をした。

5. 下線部⑦は、いつのことを指しますか。

   a.　日本に来るまで

   b.　日本語が上手になるまで

   c.　日本語の勉強を始めるまで

   d.　お好み焼き屋のおばあさんと話をするまで

■認知タスク■

意図をつかむ

1. 下線部③は、何を言おうとしていますか。適当なものをすべて選びなさい。

   a.　ここでは英語は使えない。

   b.　ここでは日本語を使うしかない。

   c.　英語のメニューを用意するべきだ。

   d.　英語のメニューもない田舎の店に入ってしまった。

2. 下線部⑧のきっかけは何でしたか。
かせんぶ

    a. お好み焼きを食べたこと
        この　や

    b. お好み焼きの作り方を覚えたこと
                   おぼ

    c. お好み焼き屋のおばあさんと会ったこと

    d. お好み焼き屋のおばあさんと日本語で話したこと

3. 下線部⑨は、どのような意味ですか。
かせんぶ

    a. 言わなくてもわかってくれた。

    b. 言葉の表面的な意味だけが伝わった。
        ことば　ひょうめんてき　　　　　　つた

    c. 言葉とともに自分の気持ちが伝わった。

    d. 声の大きさが十分で相手に聞き取ってもらえた。
        こえ　　　　　　　　　　　　あいて　き　と

4. テキスト中の ｜ ア ｜ には、何が入りますか。

    a. たぶん届くはずがない
          とど

    b. きっと届くに違いない
            ちが

    c. 届くかどうかわからない

    d. もしかすると届くかもしれない

5. 筆者とおばあさんとのコミュニケーションは、第1課「日本語で世界の友をつくる」に
ひっしゃ　　　　　　　　　　　　　　　　　　　　　　　　　　だい　か　　にほんご　せかい　とも
ある2つのコミュニケーションのうち、どちらに近いですか。

    〈A〉情報の授受のためのコミュニケーション（transaction）
        じょうほう　じゅじゅ

    〈B〉人と人をつなぐ、つまり、関係をつくるコミュニケーション（interaction）
                  かんけい

▶▶▶ 読んでみよう！

「勇気を出して」のテキストは、ある日本語学習者のスピーチをもとにしたエッセイ（書き言葉）です。もとのスピーチ（話し言葉）を読んで、スタイルや表現の違いを比べてみましょう。

■ 話し言葉のテキスト：スピーチ

みなさん、こんにちは！　マルコです。よろしくお願いします。2017年、私は日本に初めて留学しました。今も日本語は上手じゃありませんが、その時も日本語は苦手でした。漢字がたくさんあるし、毎日新しい文法を勉強しないといけないし、授業が長いし、最初の週は本当に大変でした。ある日、私の友達が「本当に疲れた！おいしい食べ物を食べたいな」と言うので、私も「お好み焼き、どう？　先輩がおいしいと言ってたよ」と答えました。友達が「いいね」と言いました。それで、授業のあと、キャンパスの近くにお好み焼き屋を探しに行きました。

お好み焼き屋が一つだけありました。キャンパスの近くのレストランには、いつも英語のメニューがあるので、大丈夫だと思いました。友達とお好み焼きの店に入ると、店主が私たちを見て「いらっしゃいませ」と言いました。店主は優しいおばあさんでしたが、英語をぜんぜん話せませんでした。座ったあと、メニューを見ても、英語が見あたりません。「ああ、やばい」と思いました。お好み焼きについて私たちは何も知らないので、緊張しましたが、おばあさんは私たちのテーブルに近づいて、「お好み焼きの作り方、知っていますか」と聞いてきました。「ああ、ぜんぜん知りません。すみません」と答えると、おばあさんは笑って説明を始めました。

その時、私は日本語が本当に苦手なのに、言葉と手振りでおばあさんの説明がわかって、コミュニケーションができました。おばあさんと、お好み焼きとかピザとか、イタリアについてとか、いろいろなことについて話しました。

日本に初めて留学したとき、日本語を話すのがこわかったです。いつも「ああ、言葉を忘れた」とか「この文法の使い方がわからない」と思いました。でも、おばあさんと会話ができたおかげで、話すのが苦手でも、私の声が他の人に届いたことがわかりました。

私たちは学生です。外国語を勉強するのが難しいと思っても、毎日一生懸命がんばったら、絶対に上手になると思います。言葉を忘れても文法を間違っても、大丈夫だと思います。毎日新しいことを学ぶのは、すばらしいことだと思います。だから、恥ずかしがらないで、人と話しましょう。私の声も、みなさんの声も他の人に必ず届きますよ。

25

頭と × 言葉の

エクササイズ ②

メタ・コンテンツで一番大事なところは？

　メタ・コンテンツの中心は、テキストの機能（役割）を表す、〈紹介〉〈解説〉〈提案〉のような少し抽象的な言葉です。これをうまく使えば、読んで理解した内容を、すっきりと知的にまとめることができます。うまく使えないと、だらだらと長い説明が必要になります。

1. メタ・コンテンツの中心になる言葉をいくつ知っていますか？　次の□□□の知っている言葉に○をつけましょう。知らない言葉は辞書で意味を調べてみましょう。

報告・連絡・相談・依頼	紹介・説明・解説
提案・提言・アドバイス・勧め	反論・批判・警告・注意
感想・意図・思い・決意（の表明）	感謝・お祝い・励まし（のメッセージ）

2. 次の文章のメタ・コンテンツの中心は何ですか？　上の□□□から選んで[　]に書きましょう。

(1) この間のハイキング、楽しかったですね。ユリさんが誘ってくれたおかげで、さわやかな高原の夏を楽しめました。途中でユリさんがくれた紅茶とビスケットの味は忘れられません。あれで元気が出て、最後まで歩くことができました。ぜひまた行きたいですね。ありがとうございました。

　　　　　　　　　　　　　➡ [　　　　　　　　　　]

(2) この間のバス旅行で、気になることがありました。みやげもの屋でお菓子を見ていたら、田中さんが買ってくれたのです。私は払うと言ったのですが、田中さんは「だいじょうぶ、だいじょうぶ」と言って、受け取ってくれませんでした。申し訳ないので、お金を返したいのですが、失礼になるでしょうか。

　　　　　　　　　　　　　➡ [　　　　　　　　　　]

(3) 私は教室の中でも外でも、できるだけたくさん日本語を使うようにしています。授業では毎回、何か発言や質問をします。先生が「皆さん、どうですか」と聞いたら、自分から答えます。休み時間も日本語で話します。それで、だいぶ話せるようになってきました。皆さんも、いかがでしょうか。

　　　　　　　　　　　　　➡ [　　　　　　　　　　]

第3課 山道でクマに出合ったら

読 む 前 に

1. 山道でクマに出合ったら、どうしますか。

2. 下の①〜⑯は「動物」ですか。正解はありません。あなたは、この言葉をどのような意味で使っていますか。

No.	①	②	③	④	⑤	⑥	⑦	⑧
項目	哺乳類		鳥	爬虫類	両生類	魚	甲殻類	軟体動物
例	ヒト	クマ、サル	ハト、カラス	ヘビ、トカゲ	カエル、イモリ	マグロ、タイ	エビ、カニ	イカ、タコ、貝

No.	⑨	⑩	⑪	⑫	⑬	⑭	⑮	⑯
項目	虫			植物	微生物			ウイルス
例	昆虫（ハチ、アリ）	クモ	ムカデ、ゲジ	木、草、コケ、シダ	アメーバ、ゾウリムシ	キノコ、カビ	細菌	インフルエンザ

※この表は、厳密な生物分類ではありません。

<table>
<tr><td rowspan="2">学<ruby>習<rt>しゅう</rt></ruby><ruby>目<rt>もく</rt></ruby><ruby>標<rt>ひょう</rt></ruby></td><td>できること 1</td><td>易しい文章を読んで、論理・意図・要点や、筆者の提案・アドバイスがつかめる</td></tr>
<tr><td>できること 2</td><td>実用書やエッセイの一節を読んで、情報を比べ、要点がつかめる</td></tr>
</table>

	評価してみよう！	タスク番号	自分でわかった	授業でわかった
この課で身につけるスキル	メタ・コンテンツをつかむ	【全体 1】	☐	☐
	論理をつかむ			
	⊙ 「クマに背中を見せないようにして…」の目的は？	【認知 7】	☐	☐
	意図をつかむ			
	⊙ 「彼らの領域に入らないのが基本」は、何の基本？	【認知 1】	☐	☐
	⊙ 「それは特別です」は、どんな意味？	【認知 3】	☐	☐
	情報を見つける			
	⊙ 「あわてて逃げ出す」の反対は、どんな逃げ方？	【認知 6】	☐	☐
	比べる			
	⊙ 「自分を守るための攻撃」の反対は、どんな攻撃？	【認知 4】	☐	☐
	⊙ 「登山道」は「彼らの領域」に入る？　入らない？	【認知 5】	☐	☐
	何の例かをつかむ			
	⊙ 「クマや、ヘビ、ハチ…」は、どんな生物の例？	【認知 2】	☐	☐

山道でクマに出合ったら
やまみち　　　　　　　　　で あ

ブルーガイド（編）
へん
（『今日から始める山歩き―これだけは知っておきたい初心者のための安心マニュアル』（有楽出版社 2011）より一部改編）
きょう　はじ　やまある　　　　　　　　　　　しょしんしゃ　　　　　　　あんしん　　　　　　ゆうらくしゅっぱんしゃ　　　　　　いち ぶ かいへん

　　山に住む危険生物は、自分から人間を攻撃することはありません。①彼らの領
　　　　　　きけんせいぶつ　　　　　　　にんげん　こうげき　　　　　　　　　　　　　　　かれ　　りょう
域に入らないのが基本です。
いき　　　　　　　きほん

1

ポイント　・うっかり領域に入らない
　　　　　　　　　　りょういき
　　　　　　・スズメバチがいたら注意する
　　　　　　・野生動物からはあわてて逃げ出さない
　　　　　　　や せい　　　　　　　　　　　に だ

2

■自分を守るための攻撃がほとんど
　　まも　　　　　こうげき

　　山に住む動物や昆虫は数も種類もたくさんいますが、人間にとって危険なもの
　　　　　　　　こんちゅう　かず　しゅるい　　　　　　　　　　にんげん　　　　　きけん
は②少ししかいません。日本で一番大きい野生動物である③クマや、ヘビ、ハチ、
　　　　　　　　　　　　　　いちばん　　　　やせい
ヒル、ダニぐらいです。最近、クマやサルが人が住むところまで食べ物を探しに
　　　　　　　　　　　　さいきん　　　　　　　　　　　　　　　　　　　　さが
来るようになりましたが、④それは特別です。野生生物は普通、人のいるところ
　　　　　　　　　　　　　　　　　　　　や せいせいぶつ　ふ つう
に近づきません。自分から人間を攻撃することもありません。
　ちか　　　　　　　　　　にんげん　こうげき

3

　　⑤人間が（ア）彼らの領域にうっかり入ってしまったり、突然、出合ってしまっ
　　　にんげん　　　　かれ　りょういき　　　　　　　　　　　　　とつぜん　で あ
たりした場合に自分を守るための攻撃がほとんどです。ですから、普通に（イ）登
　　　ば あい　　　　まも　　　こうげき　　　　　　　　　　　　ふ つう　　　　　と
山道を歩いていれば、クマやヘビから攻撃されることはほとんどないと考えてい
ざんどう　　　　　　　　　　　　　　　こうげき
いと思います。

4

　　（略）
　　りゃく

■背中を見せない
　　せ なか

　　クマは自分から人間に近づいてくることはありません。しかし、突然の出合い
　　　　　　　　　にんげん　ちか　　　　　　　　　　　　　　　　とつぜん　で あ
などでパニックになって攻撃してくることがあります。突然出合うことを防ぐた
　　　　　　　　　　　こうげき　　　　　　　　　　　　　　とつぜん で あ　　　　　ふせ

5

めに、⑥鈴を鳴らしながら歩いたり、ときどき手を叩いたりするなど、人間のほうが自分がいることをクマに知らせながら歩くようにします。

6 　⑦万が一、非常に近い距離でクマと出合ってしまった場合には、⑧あわてて逃げ出すのが一番危険です。⑨クマに背中を見せないようにして目を合わせたまま静かに後ろにさがるようにして離れていきます。

7 　クマだけでなく、野生動物は⑩背中を見せて逃げるものを追いかける性質があります。静かに、木や岩の後ろなどに隠れるようにして離れていくようにしましょう。

■全体把握■
ぜんたいはあく

📷 メタ・コンテンツをつかむ

1. この文章のメタ・コンテンツは何ですか。{　　}の中の適当なものを選びなさい。
ぶんしょう　　　　　　　　　　　　　　　　　　　　　　　てきとう　　　　　えら

山歩きの間に{ a. 日本で一番大きい野生動物　　b. クマなどの危険生物
やまある　　　　　　　にほん　いちばん　　　　　やせい　　　　　　　　　　　きけんせいぶつ

c. ヘビやハチ }に{ a. 近づいた　　b. 攻撃された　　c. 出合った }とき、
ちか　　　　　こうげき　　　　　であ

{ a. どうすればよいか　　b. 何が起こったか　　c. どんな危険があるか }という
お

{ a. 相談　　b. 報告　　c. 注意 }
そうだん　　ほうこく　　ちゅうい

■言語タスク■
げんご

> 3段落
だんらく

1. 下線部②は、何が「少ししかいない」のですか。
かせんぶ

  a. すべての動物や昆虫の中で、山に住むもの
こんちゅう

  b. すべての動物や昆虫の中で、人間にとって危険なもの
にんげん　　　きけん

  c. 山に住む動物や昆虫の中で、人間にとって危険なもの

  d. 山に住む動物や昆虫の中で、人間にとって危険でないもの

> 3段落
だんらく

2. 下線部③は、どのような意味ですか。
かせんぶ

  a. クマ、ヘビ、ハチ、ヒル、ダニ以外には全然いない。
ぜんぜん

  b. クマ、ヘビ、ハチ、ヒル、ダニ以外にはほとんどいない。

  c. クマ、ヘビ、ハチ、ヒル、ダニ以外にもたくさんいる。

  d. クマ、ヘビ、ハチ、ヒル、ダニと同じくらいいる。

31

3. 下線部⑥のことをする目的は何ですか。
かせんぶ　　　　　　　　　　もくてき

    a. 自分がいるのをクマに知らせ、突然出合うことを防ぐため
とつぜんであ　　　　　ふせ

    b. クマがきらいな音を出して、クマを遠くに逃げさせるため
とお　　に

    c. 突然出合ってパニックになったクマを、落ち着かせるため
おつ

    d. クマに出合ったから助けてくれるように他の人を呼ぶため
たす　　　　　　　　　　ほか　　　　　よ

4. 下線部⑦の場合、<u>してはいけない</u>ことはどれですか。
かせんぶ　　ばあい

    a. ものの後ろにかくれる

    b. ゆっくり後ろにさがる

    c. クマと目を合わせる
あ

    d. 背中を向けて走る
せなか　む

5. 下線部⑩は、何にありますか、または、ありませんか。
かせんぶ

    a. 野生動物：ある　　クマ：ある
やせい

    b. 野生動物：ある　　クマ：ない

    c. 野生動物：ない　　クマ：ある

    d. 野生動物：ない　　クマ：ない

■ 認 知 タ ス ク ■
にん　ち

🖼 意図をつかむ
いと

1. 下線部①は、何の「基本」ですか。
かせんぶ　　　　　きほん

    a. 野生生物の性質
やせいせいぶつ　せいしつ

    b. 山歩きに関する法律
やまある　　かん　ほうりつ

    c. 山歩きの時に野生生物から身を守る方法
やまある　　とき　　　　　　み　まも　ほうほう

    d. 危険な生物に出合った時にしてはいけないこと
きけん　　せいぶつ　であ　　とき

2. 下線部③の「クマや、ヘビ、ハチ、ヒル、ダニ」は、ここで、どのような生物として紹介されていますか。

    a. 山に住むものの中で、人間にとって危険な生物

    b. 山道で人間が出合う可能性のある生物

    c. 日本で一番大きい野生動物

    d. 山に住む動物や昆虫

3. 下線部④は、どのような意味で「特別」ですか。

    a. 野生生物なのに、人間をこわがる。

    b. 野生生物なのに、人間のいるところに近づく。

    c. 野生生物ではないのに、人間を攻撃する。

    d. 野生生物ではないのに、山で食べ物を探す。

4. 下線部⑤は「自分を守るための攻撃」ですが、その反対はどのような攻撃ですか。テキストから抜き出しなさい。

5. 二重下線部(ア)の中に、二重下線部(イ)は入りますか。

    a. 入る

    b. 入らない

6. 下線部⑧が一番危険な逃げ方なら、その反対はどのような逃げ方ですか。テキストから
か せん ぶ いちばん き けん   に   はんたい
抜き出しなさい。
ぬ だ

7. 下線部⑨のように離れたほうがよいのは、なぜですか。
か せん ぶ   はな

    a. クマに出合うのは珍しいから、よく見るため
          て あ   めずら

    b. 背中を見せると、クマが追いかけてくるから
          せ なか   お

    c. 追いかけられても前からのほうが安全だから
          お   あんぜん

    d. 攻撃するつもりがないことを目で伝えるため
          こうげき   つた

第4課 面接は
何で決まる？
だい か めんせつ
き

1. あなたは、進学や就職の面接を受けたことがありますか。
しんがく しゅうしょく めんせつ う

2. 面接では、面接官に何を見られていると思いますか。
めんせつかん

<table>
<tr><td rowspan="3">学<ruby>習<rt>しゅう</rt></ruby><ruby>目<rt>もく</rt></ruby><ruby>標<rt>ひょう</rt></ruby></td></tr>
</table>

| 学<ruby>習<rt>しゅう</rt></ruby><ruby>目<rt>もく</rt></ruby><ruby>標<rt>ひょう</rt></ruby> | できること **1** | <ruby>易<rt>やさ</rt></ruby>しい<ruby>文章<rt>ぶんしょう</rt></ruby>を<ruby>読<rt>よ</rt></ruby>んで、<ruby>論理<rt>ろんり</rt></ruby>・<ruby>意図<rt>いと</rt></ruby>・<ruby>要点<rt>ようてん</rt></ruby>や、<ruby>筆者<rt>ひっしゃ</rt></ruby>の<ruby>提案<rt>ていあん</rt></ruby>・アドバイスがつかめる |
| | できること **2** | <ruby>実用書<rt>じつようしょ</rt></ruby>やエッセイの<ruby>一節<rt>いっせつ</rt></ruby>を<ruby>読<rt>よ</rt></ruby>んで、<ruby>情報<rt>じょうほう</rt></ruby>を<ruby>比<rt>くら</rt></ruby>べ、<ruby>要点<rt>ようてん</rt></ruby>がつかめる |

	<ruby>評価<rt>ひょうか</rt></ruby>してみよう！	タスク <ruby>番号<rt>ばんごう</rt></ruby> ↓	<ruby>自分<rt>じぶん</rt></ruby>で わかった ↓	<ruby>授業<rt>じゅぎょう</rt></ruby>で わかった ↓
この<ruby>課<rt>か</rt></ruby>で<ruby>身<rt>み</rt></ruby>につけるスキル	メタ・コンテンツをつかむ	【<ruby>全体<rt>ぜんたい</rt></ruby>1】	☐	☐
	<ruby>意図<rt>いと</rt></ruby>をつかむ			
	◉「<ruby>就職<rt>しゅうしょく</rt></ruby>の…<ruby>準備<rt>じゅんび</rt></ruby>や<ruby>練習<rt>れんしゅう</rt></ruby>をします」の<ruby>意図<rt>いと</rt></ruby>は？	【<ruby>認知<rt>にんち</rt></ruby>2】	☐	☐
	◉ <ruby>面接<rt>めんせつ</rt></ruby>の<ruby>合否<rt>ごうひ</rt></ruby>を<ruby>決<rt>き</rt></ruby>める<ruby>基準<rt>きじゅん</rt></ruby>は<ruby>何<rt>なに</rt></ruby>？	【<ruby>認知<rt>にんち</rt></ruby>3】	☐	☐
	<ruby>情報<rt>じょうほう</rt></ruby>を<ruby>見<rt>み</rt></ruby>つける			
	◉「<ruby>会<rt>あ</rt></ruby>って5<ruby>秒<rt>びょう</rt></ruby>」と<ruby>同<rt>おな</rt></ruby>じ<ruby>意味<rt>いみ</rt></ruby>の<ruby>表現<rt>ひょうげん</rt></ruby>は？	【<ruby>認知<rt>にんち</rt></ruby>1】	☐	☐
	<ruby>比<rt>くら</rt></ruby>べる			
	◉ <ruby>面接官<rt>めんせつかん</rt></ruby>の<ruby>判断<rt>はんだん</rt></ruby>の<ruby>仕方<rt>しかた</rt></ruby>は？	【<ruby>認知<rt>にんち</rt></ruby>4】	☐	☐

面接は何で決まる？

　みなさんは、どのような基準で人を判断しますか。たとえば、初めて人に会ったときに、①この人と友だちになりたいとか、②この人とはもう会いたくないとか③判断する基準は何ですか。　1

　人をどのように判断するかということについて、内田樹さんという人が面白いことを書いていました。内田さんは、大手出版社の編集者たちと面接について話をしたそうです。④その人たちはこれまでに数百人の面接をしてきた経験者です。⑤みんな「⑥会って5秒」で合格者は決まると言ったそうです。⑦受験者は⑧就職の面接のためにいろいろ準備や練習をします。でも、ドアを開けて入って、あいさつをして椅子に座ったときには、もう合否が決まっているというのです。　2

　それでは、その5秒で面接官は何を見ているのでしょうか。それは、この人と一緒に仕事をしたときに、楽しく仕事ができるかどうかだと内田さんは言います。　3

　みなさんは、人を判断するとき、じっくり話をしてから判断しますか。それとも、会った瞬間に判断しますか。　4

参考：内田樹（著）『街場の教育論』ミシマ社 2008

1. この文章のメタ・コンテンツは何ですか。{　　}の中の適当なものを選びなさい。
　　　　　　ぶんしょう　　　　　　　　　　　　　　　　　　てきとう　えら

　　ある人が大手出版社の編集者から聞いた面接の{ a. 判断基準　　b. 時間の長さ
　　　　　おお て しゅっぱんしゃ へんしゅうしゃ　めんせつ　　はんだん き じゅん

　　c. 応募者の人数　　d. 質問内容 }
　　　おう ぼ しゃ にんずう　　　　ないよう

2. 文章の種類は何ですか。
　　ぶんしょう しゅるい

　　　　a. 小説　　　b. エッセイ　　　c. 論文　　　d. 新聞記事
　　　　　しょうせつ　　　　　　　　　　　　ろんぶん　　　　き じ

＞1段落
　　だんらく

1. 下線部①と②は、何の例ですか。
　　か せん ぶ　　　　れい

　　　a.　判断
　　　　　はんだん
　　　b.　基準
　　　　　き じゅん

＞1段落
　　だんらく

2. 下線部③は、どのような意味ですか。
　　か せん ぶ

　　　a.　何かを決めるときに、人から教えてもらうもの
　　　　　　　き
　　　b.　何かを決めるときに、よりどころになるもの

　　　c.　何かを決めるときに、人に質問すること

　　　d.　何かを決めるときに、調べること
　　　　　　　　　　　　　　　　しら

＞2段落
　　だんらく

3. 下線部④は、どんな人ですか。適当なものをすべて選びなさい。
　　か せん ぶ　　　　　　　　　　てきとう　　　　　　えら

　　　a.　面接のためにいろいろ準備や練習をする人
　　　　　めんせつ　　　　　　　じゅん び れんしゅう
　　　b.　今までに面接をしたことがある人

　　　c.　数百回面接を受けてきた人
　　　　　すう
　　　d.　大手出版社に勤めている人
　　　　　おお て しゅっぱんしゃ つと

> 2 段落
だんらく

4. 下線部⑤は、誰ですか。
かせんぶ　　　だれ

> 2 段落
だんらく

5. 下線部⑥「会って5秒」で合格者は決まると言ったのは、誰ですか。
かせんぶ　　あ　　びょう　　ごうかくしゃ　き　　　い　　　　　　だれ

   a. 筆者
     ひっしゃ

   b. 内田さん
     うちだ

   c. 編集者
     へんしゅうしゃ

   d. 受験者
     じゅけんしゃ

> 2 段落
だんらく

6. 下線部⑦は、次のうちどれですか。
かせんぶ　　　つぎ

   a. 大学の入学試験を受ける人たち
     　　　　　　　　　う

   b. 出版社の面接を受ける人たち
     しゅっぱんしゃ　めんせつ

   c. 内田さんの会社の面接を受ける人たち
     うちだ

   d. 雑誌のインタビューを受ける人たち
     ざっし

> 2 段落
だんらく

7. 面接の合否が決まるのはいつですか。
めんせつ　ごうひ　き

   a. あいさつをして椅子に座る前
     　　　　　　　いす　すわ　まえ

   b. あいさつをして椅子に座った後

>全体
ぜんたい

8. テキストの内容と合っているものを<u>すべて</u>選びなさい。
ないよう　あ　　　　　　　　　　えら

   a. 内田さんは、学生たちと面接について話をした。
     うちだ　　　　　　　　　めんせつ

   b. 編集者たちは、たくさんの人を面接したことがある。
     へんしゅうしゃ

   c. 編集者たちは、面接の合否はすぐに決まると言っている。
     　　　　　　　　　ごうひ　　　　　き

   d. 人を判断するときは、じっくり話をしたほうがよい。
     　　はんだん

■認 知 タ ス ク■

> 2段落　　　　　　　　　　　　　　　　　　　　　　📷 情報を見つける

1. 下線部⑥と同じ内容を表す部分をテキストから抜き出しなさい。最初と最後の5文字を書きなさい（句読点を除く）。

					～					

> 2段落　　　　　　　　　　　　　　　　　　　　　　📷 意図をつかむ

2. 下線部⑧の文は、何を言いたいのでしょうか。

   a.　就職活動をしている人たちの大変さを知らない人が多いので、それを読者に知ってもらいたかった。

   b.　就職活動をしている人たちは、5秒で合否が決まることがわかっているので、一生懸命準備をしていると言いたい。

   c.　面接のための準備は多くの時間がかかるのに、結果はたった5秒で決まるということを強調したい。

> 3段落　　　　　　　　　　　　　　　　　　　　　　📷 意図をつかむ

3. 面接の合否を決める基準は何ですか。

   a.　一緒に楽しく働けるかどうか

   b.　質問にきちんと答えられるかどうか

   c.　面接のためにしっかり準備をしているかどうか

   d.　元気にあいさつをしたかどうか

> 全体　　　　　　　　　　　　　　　　　　　　　　📷 比べる

4. 面接官の判断の仕方は、次のどちらですか。

   a.　じっくり話をしてから判断する。

   b.　会った瞬間に判断する。

40

第**5**課　だい　か　「とりあえず」の力

1. 「とりあえず」という言葉を知っていますか。
こと　ば

2. あなたは、何か新しいことをするとき、慎重によく考えてから行
しんちょう
動するタイプですか。あまり悩まないでまずやってみるタイプで
どう　　　　　　　　　　なや
すか。

<table>
<tr><td rowspan="2">学(がく)習(しゅう)目(もく)標(ひょう)</td><td>できること 1</td><td>易しい文章を読んで、論理・意図・要点や、筆者の提案・アド
バイスがつかめる</td></tr>
<tr><td>できること 2</td><td>スピーチ原稿やエッセイを読んで、筆者の提案・アドバイスが
つかめる</td></tr>
</table>

この課(か)で身(み)につけるスキル	評価(ひょうか)してみよう！	タスク番号(ばんごう) ↓	自分でわかった ↓	授業(じゅぎょう)でわかった ↓
	📖 メタ・コンテンツをつかむ	【全体(ぜんたい)1】	☐	☐
	📖 論理(ろんり)をつかむ			
	◉ 日本の人々が前向(まえむ)きに進(すす)んでいくのは、なぜ？	【認知(にんち)2】	☐	☐
	📖 意図(いと)をつかむ			
	◉ 「恐(おそ)ろしいと言うしかありません」の意図(いと)は？	【認知(にんち)1】	☐	☐
	◉ 「とりあえず」の力を知らずに使うのは、よい？ 悪い？	【認知(にんち)3】	☐	☐
	◉ 「『とりあえず』の力を信(しん)じてみる」とは、何をすること？	【認知(にんち)4】	☐	☐
	📖 比(くら)べる			
	◉ 「とりあえず」と反対(はんたい)の態度(たいど)は、どんな態度(たいど)？	【認知(にんち)5】	☐	☐

「とりあえず」の力

権 赫必（著）
クォン ヒョッピル ちょ
[韓国]
かんこく

「とりあえず、原稿書いてみな」　　　　　　　　　　　　　　　　　　　　1
　　　　　　げんこう

　スピーチコンテストに出るか迷っていた時、①日本人の友達から言われた言葉　2
　　　　　　　　　　　　　まよ　　　　　　　　　　ともだち　　　　　　ことば
です。

　とりあえず書け？　何をどう書けというのでしょうか。　　　　　　　　　　3

　②「とりあえず」という言葉はよく使われます。友達と一緒に何か食べに行っ　4
　　　　　　　　　　　　ことば　　　　　　　　ともだち　いっしょ
て、まだ注文が決まらない時、「じゃあ、とりあえず、飲みものから頼もうか？
　　　　ちゅうもん　き　　　　　　　　　　　　　　　　　　　　　たの
ビールの人！」といった具合です。あるいは、悪いことをして素直に謝れないで
　　　　　　　　　　ぐあい　　　　　　　　　　　　　すなお　あやま
いる子どもに親が「とりあえず、『もうしません』って約束しなさい」。また、受
　　　　　　　　　　　　　　　　　　　　　　やくそく　　　　　　　　　じゅ
験をあきらめかけている学生に先生が「やってみなきゃ分からないんだから、と
けん
りあえず、受験してみようか」。
　　　　じゅけん

　この「とりあえず」という言葉には③二つの意味があります。一つは、迷って　5
　　　　　　　　　　　　　ことば　　　　　　　　　　　　　　　　　まよ
いる人に「大したことじゃないよ。気楽にやってみよう」と言って励ます意味。
　　　　たい　　　　　　　　　きらく　　　　　　　　　　　　はげ
もう一つは、先のことを思い悩むかわりに、すぐに行動を始めようという前向き
　　　　　　おも　なや　　　　　　　　　　こうどう　　　　　　まえむ
の意味です。どちらも、やる気を引き出し、人を勇気づける意味です。「とりあ
　　　　　　　　　　きひだ　　　　　　ゆうき
えず」は人の考え方を変えます。態度を変えます。④恐ろしいと言うしかありま
　　　　　　か　　　　たいどか　　　　　おそ
せん。

　「とりあえず」は、この瞬間にも日本全国で使われています。考えてみると、　6
　　　　　　　　　　　しゅんかん　　ぜんこく
⑤今の経済大国日本を作ったのは、日本人の根性ややる気ではなく、それを引き
けいざいたいこく　　　　　　　　　　こんじょう　　き　　　　　　　　ひ
出した「とりあえず」という言葉かもしれません。そして、⑥日本の人々と日本
だ　　　　　　　　　　　ことば
という国は、「とりあえず」という言葉とともに、これからもどんどん前向きに
　　　　　　　　　　　　　　ことば　　　　　　　　　　　　　　　まえむ
進んで行くことでしょう。
すす

　私にとっても、「とりあえず」は大きな力を発揮しました。留学を決めた時、　7
　　　　　　　　　　　　　　　　　　　　　　はっき　　りゅうがく　き

私の心の中には留学に対する不安がありました。他の多くのことをあきらめて留学を選ぶのが果たして正しい選択なのか？ 愚かなことではないか？ けれども、私は自分の決定を信じてとりあえず留学することに決めました。⑦そのおかげで今の充実した留学生活があります。

8　　⑧多くの人は、この言葉の持つ力に気づかないまま、使っています。誰にでも、結果にこだわらないでとりあえず一度やってみようと、始めたことが何かあるのではないでしょうか。⑨始まりがあるからこそ、結果も生まれてきます。結果を得ようと思ったら、⑩「とりあえず」の力を信じてみてはどうでしょう。

9　　「とりあえず」のことで話したいことは山ほどありますが、もう時間になりました。私の話はとりあえず、ここまでとしておきます。

10　　ありがとうございました。

■全体把握■

🖼 メタ・コンテンツをつかむ

1. この文章のメタ・コンテンツは何ですか。＿＿に適当な言葉を書き、{　　}の中の適当
なものを選びなさい。

「＿＿＿＿＿＿」という言葉の{ a. 意味と使われ方　b. 歴史や由来　c. 危険な使い方 }
に関する考察と{ a. 使わない理由の説明　b. それに基づく提案　c. 新しい意味の紹介 }

2. 文章の種類は何ですか。

a. エッセイ　　b. スピーチ原稿　　c. 新聞の投書　　d. 小説の一節

■言語タスク■

> 2段落

1. 下線部①は、何を指しますか。テキストから抜き出しなさい。

> 4段落

2. 下線部②の具体例は、どこに書かれていますか。最初と最後の5文字を抜き出しなさい
（句読点を除く）。

～

3. 下線部③は、何を指しますか。適当なものを<u>2つ</u>選びなさい。
かせんぶ　　　　　　　　　てきとう　　　　　　えら

    a.　重要な問題ではないという意味
じゅうよう

    b.　気楽にやってみようと励ます意味
きらく　　　　　　　　　　はげ

    c.　してもしなくても同じだという意味

    d.　悩んでいないで行動しようという意味
なや　　　　　　　　こうどう

4. 下線部⑤「今の経済大国日本を作った」のは、何だと言っていますか。
かせんぶ　　　　けいざいたいこく

    a.　日本人の根性ややる気
こんじょう　　き

    b.　「とりあえず」という言葉
ことば

5. 下線部⑦は、何のおかげですか。
かせんぶ

    a.　今、充実した留学生活を送っていること
じゅうじつ　りゅうがくせいかつ

    b.　留学をあきらめるという愚かな選択をしたこと
おろ　　せんたく

    c.　留学を決めたとき、心の中に不安があったこと
き　　　　　　　　　　　　ふあん

    d.　自分の決定を信じてとりあえず留学を決めたこと
けってい　しん

6. 下線部⑨は、どのような意味ですか。
かせんぶ

    a.　始まりがよければ、たいていよい結果になる。
けっか

    b.　どのように始まったかによって結果が決まる。
き

    c.　どんなことでも、始めなければ、結果は出ない。

    d.　始めたからといって、結果が出るとは限らない。
かぎ

46

■認知タスク■

> **5段落** 🖼 意図をつかむ

1. 下線部④は、何が「恐ろしい」のですか。

   a. 本当は悪いと思っていないのに、とりあえず「もうしません」と約束すること

   b. 人々の考えが、ほんの小さな一言で簡単に変わってしまい、信用できないこと

   c. 「とりあえず」という言葉が、人の考え方や態度まで変える力を持っていること

   d. 「とりあえず」という言葉のせいで、あまりよく考えないで行動してしまうこと

> **6段落** 🖼 論理をつかむ

2. 下線部⑥のように筆者が考えるのは、なぜですか。

   a. 「とりあえず」という言葉のせいで、深く考えず、失敗が多いから

   b. 「とりあえず」という言葉のおかげで、決断し、すぐ実行に移せるから

   c. 「とりあえず」という言葉のおかげで、決断は速いが、実行は遅いから

   d. 「とりあえず」という言葉のせいで、一度決めてもすぐに変わるから

> **8段落** 🖼 意図をつかむ

3. 下線部⑧は、筆者の考えではよいことですか。悪いことですか。

   よいこと　・　悪いこと

> **8段落** 🖼 意図をつかむ

4. 下線部⑩で「『とりあえず』の力を信じてみる」とは、何をすることですか。

   a. 結果にこだわったり、悩んだりしないで気楽に前向きに行動を始めること

   b. 何か大事なことを決める前には、慎重に考え、後悔しない選択をすること

   c. 一度決めたことを後で変えてもいいから、物事をとにかく速く決めること

   d. 考えてもしかたがないから、運を天に任せていいかげんな選択をすること

比べる
くら

5. 筆者の言う「とりあえず」と反対の態度は、どのようなものですか。{　　}の中の適当
ひっしゃ　　　　　　　　　　　　　　　　はんたい　たい ど　　　　　　　　　　　　　　　　　　　　　　　てきとう
なものを選び、空欄に適当な言葉を入れ、表を完成させなさい。
　　　　　　えら　　くうらん　　てきとう　ことば　　　い　　　ひょう　かんせい

	「とりあえず」という態度	反対の態度
将来のこと しょうらい	予想できない よそう	予想{ できる ・ できない }
不安・失敗への恐れ ふ あん しっぱい　 おそ	{ 強い ・ 弱い } つよ　　　よわ	{ 強い ・ 弱い }
行動の仕方 こうどう　 し かた	すぐに行動を始める	
結果 けっ か		前に進めない まえ すす

第**6**課 異文化適応プロセス

だい か

いぶんかてきおう

読 む 前 に

1. 「異文化適応」という言葉を聞いたことがありますか。
いぶんかてきおう　　　　　ことば

2. 留学や海外移住など、大きく環境が変わった経験がありますか。
りゅうがく　かいがいいじゅう　　　　　かんきょう　か　　　けいけん
そのとき、すぐに新しい環境に慣れることができましたか。
な

<table>
<tr>
<td rowspan="2">学習目標
（がくしゅうもくひょう）</td>
<td>できること 1</td>
<td>易しい文章を読んで、論理・意図・要点や、筆者の提案・アドバイスがつかめる</td>
</tr>
<tr>
<td>できること 2</td>
<td>スピーチ原稿やエッセイを読んで、筆者の提案・アドバイスがつかめる</td>
</tr>
</table>

		タスク番号	自分でわかった	授業でわかった
評価してみよう！				
🖼 メタ・コンテンツをつかむ		【全体1】	☐	☐
🖼 意図をつかむ				
◉ カルチャーショックから抜け出すための条件は？		【認知2】	☐	☐
🖼 主張をつかむ				
◉ この文章を通じて筆者の言いたいことは何？		【認知3】	☐	☐
🖼 情報を見つける				
◉ U字曲線は何を表している？		【認知4】	☐	☐
🖼 何の例かをつかむ				
◉ 「期待しすぎて落ち込んだり」とは、たとえば？		【認知1】	☐	☐
◉ 異文化適応の各プロセスでは、どんな状態になる？		【認知4】	☐	☐

この課で身につけるスキル

異文化適応プロセス
いぶんかてきおう

蔡 孟玲(著)
サイ メンリン ちょ
[台湾]
たいわん

① 「異文化適応プロセス」とは何だろうか？　それは、私たちのような外国人 1
が海外で生活を始めてから慣れるまでの気持ちの変化だ。

まず、最初のハネムーン期には、全てが新鮮で面白い。元の環境と違うことも 2
楽しく受け取れる。次に来るのは、カルチャーショックのステージだ。言いたい
ことが伝わらず、文化を理解できず、小さなことにイライラしてストレスが溜ま
る。やがて、最後の適応期が訪れると、物事を冷静に見、無理なく生活を楽しめ
るようになる。このように、全体でＵ字の曲線になる。

私は来日前に異文化適応プロセスのことを読んで、自分は絶対こうはならない、 3
スムーズに適応できると思ったが、②大間違いだった。

最初の頃は、毎日が楽しくて、何でも素晴らしいと思った。外を歩くたびに、道 4
がとても歩きやすくてキレイだ！と心の中で叫んだ。スーパーの野菜の10パーセ
ント割引に感動した。時々、知り合いの日本人に自分のうれしさを夢中で話した。

３ヶ月後、外を歩くと、道には人が吐き出した痰ばかりが目についた。駅の 5
ホームで新聞を読みながら痰を吐く人も見た。混んだ電車で、マスクなしで腹筋
を使って全力で咳やくしゃみをする人も少なくない。スーパーの割引にも感動し
なくなった。知り合いに送ったメッセージが既読スルーされたり、遊びの誘いも
断られたりした。そんな時に、優しいクラスメートが聞き役になってくれたこと
に感謝している。

時間が経って、今は物事を前より冷静に見られるようになった。この間は、痰 6
を吐いて２メートル程飛ばすサラリーマンを見て、ほう、頑張ったね！と感心し
た。「何か困ったことがあったら教えてね」と人に言われても、今は③期待しす
ぎて落ち込んだりしない。

7　　　もちろん、全ての人がこの通りのプロセスをたどるわけではない。だが、もし

普段よりイライラするとしたら、異文化適応の途中なのかもしれない。そんな時

は、④周囲の人に話して吐き出したら楽になるだろう。落ち込んでも、海外に来

た当初の目標を忘れないように進めば、必ず、⑤そこから⑥抜け出せると思う。

■全体把握■
ぜんたいはあく

🖼 メタ・コンテンツをつかむ

1. この文章のメタ・コンテンツは何ですか。{　　}の中の適当なものを選びなさい。

　筆者自身の{ a. 異文化適応プロセス　b. 日本留学の失敗　c. 日本人との交流 }の
　ふりかえりと{ a. 推測による　b. 体験的な　c. 専門的な立場からの }
　{ a. アドバイス　b. 批判　c. お願い }

2. 文章の種類は何ですか。

　a. エッセイ　　b. 論文　　c. 新聞の投書　　d. 専門書の一節

■言語タスク■
げんご

＞1段落
だんらく

1. 下線部①の答えは、何ですか。最初と最後の6文字を抜き出しなさい。

〜

＞3段落
だんらく

2. 下線部②は、何が間違いでしたか。また、実際はどうでしたか。{　　}の中の適当なものを選びなさい。

　自分はスムーズに{ 適応できる・適応できない }と思ったことが間違いだった。
　実際は異文化適応プロセスと{ 同じになった・少し違った・全然違った }。

3. 下線部③は、どのような期待をして、どのように落ち込むという意味ですか。
   かせんぶ　　　　　　　　きたい　　　　　　　　　　　　　おちこ

期待しすぎて： ⎰ a. 日本は美しくてすばらしい国だ
　　　　　　　　　　　　　　うつく
　　　　　　　　　b. 楽しくて充実した留学生活になる　　と期待して
　　　　　　　　　　　　　じゅうじつ　りゅうがくせいかつ
　　　　　　　　　c. 困ったら、周りの人が本当に助けてくれる
　　　　　　　　　　　こま　　　まわ　　ほんとう　たす

落ち込む　　： ⎰ d. 現実の日本には嫌な面もあると知って
おちこ　　　　　　　　げんじつ　　　　いや　めん
　　　　　　　　　e. 現実の留学生活は面白くなくて　　　　がっかりする
　　　　　　　　　　　　　　　　　　おもしろ
　　　　　　　　　f. 相手の言葉がただのあいさつだとわかって
　　　　　　　　　　あいて　ことば

4. 下線部④は、筆者の場合、具体的に何をしましたか。
   かせんぶ　　　ひっしゃ　ばあい　ぐたいてき

   a. 家族と電話でたくさん話した。

   b. カラオケで大声で歌を歌った。
   　　　　　　おおごえ

   c. 大勢の友達とお酒を飲みに行った。
   　　おおぜい　ともだち　さけ

   d. クラスメートに話を聞いてもらった。

5. 下線部⑤は、どんな状態ですか。
   かせんぶ　　　　じょうたい

   a. 周囲の人に話して、楽になった状態
   　　しゅうい　　　　　らく

   b. 物事を冷静に見られるようになった状態
   　　ものごと　れいせい

   c. 新しい環境を何でも楽しく感じられる状態
   　　　　かんきょう　　　　　かん

   d. 小さなことにイライラして、落ち込んでいる状態
   　　　　　　　　　　　　　　おこ

■認知タスク■

> 6段落（だんらく）　　　　　　　　　　　　　　　　　🖼何の例かをつかむ（れい）

1. 下線部③について、筆者がこれまでに人との関係で「期待しすぎて落ち込んだり」した
例をテキストから抜き出しなさい。
（かせんぶ）　　　　　（ひっしゃ）　　　（かんけい）　　　（きたい）　　　（おこ）
（れい）　　　　　　　　　　（ぬだ）

> 7段落（だんらく）　　　　　　　　　　　　　　　　　🖼意図をつかむ（いと）

2. 下線部⑥で、抜け出すための条件は何だと言っていますか。
（かせんぶ）　（ぬだ）　　　　　（じょうけん）

　　a. 優しいクラスメートに聞き役になってもらうこと
　　　　（やさ）　　　　　　　　（ききやく）
　　b. 海外に来た当初の目標を忘れないように進むこと
　　　　（かいがい）（とうしょ）（もくひょう）（わす）　　　　（すす）
　　c. 物事を冷静に見、生活を楽しめるようにすること
　　　　（ものごと）（れいせい）（み）（せいかつ）（たの）
　　d. 小さなことを気にせず、物事の良い点を見ること
　　　　（ちい）　　　　　　（き）　　　　　　　（よ）（てん）（み）

> 全体（ぜんたい）　　　　　　　　　　　　　　　　　🖼主張をつかむ（しゅちょう）

3. 筆者の主張は、何ですか。
（ひっしゃ）（しゅちょう）

　　a. 海外生活を始めると落ち込むこともあるが、いつも明るい気持ちでいられるよ
　　　　（かいがいせいかつ）（はじ）（おこ）
　　　　うに努力するべきだ。
　　　　（どりょく）
　　b. 海外で生活する人は、だれでも異文化適応プロセスをたどるが、そこから抜け
　　　　　　　　　　　　　　　　　（いぶんかてきおう）　　　　　　　　　　　（ぬ）
　　　　出すには周囲の助けが必要だ。
　　　　（だ）（しゅうい）（たす）（ひつよう）
　　c. 海外生活で気持ちが大きく上下することがあっても、おそらく異文化適応プロ
　　　　　　　　　　　　　　　　（じょうげ）
　　　　セスの一部だから心配要らない。
　　　　（いちぶ）（しんぱいい）
　　d. 海外生活では気持ちが大きく上下し、悪くなると病気になることもあるから、
　　　　早めに専門家に頼ったほうがいい。
　　　　（せんもんか）（たよ）

4. 下の図を見て、（1）〜（3）の問いに答えなさい。
ず   と

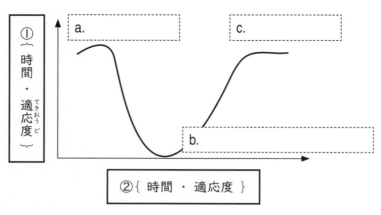

図　異文化適応のプロセス
い ぶん か てき おう

（1）図の a.〜c. は、それぞれどの時期ですか。テキストから抜き出し、図中の ▭▭▭ に
じ き   ぬ だ   ず ちゅう
書きなさい。

（2）上の縦軸①・横軸②は、何を表していますか。{　　}の中の適当なものを選びなさい。
たてじく   よこじく   あらわ   てきとう   えら

（3）上の a.〜c. の時期には、一般的にどのような状態になると書かれていますか。また、
いっぱんてき   じょうたい
筆者自身が経験したことはどんなことですか。下の ▭▭▭ の中から適当なものをすべ
ひっしゃ じ しん けいけん
て選びなさい。
・

時期	一般的に起こりやすい状態	筆者の経験
a		
b		
c		

一般的に起こりやすい状態

> ア．物事を冷静に見、無理なく
> ものごと れいせい   む り
> 　生活を楽しめる
> せいかつ
> イ．小さなことにイライラして
> 　ストレスが溜まる
> た
> ウ．言いたいことが伝わらない
> つた
> エ．全てが新鮮で面白い
> すべ しんせん おもしろ
> オ．文化を理解できない
> ぶん か り かい

筆者の経験

> A．スーパーの割引に感動しなくなった。
> わりびき かんどう
> B．知り合いに送ったメッセージが既読スルーされた。
> し あ   おく   き どく
> C．スーパーの野菜の10パーセント割引に感動した。
> や さい
> D．外を歩くと、道には人が吐き出した痰ばかりが目
> は だ たん
> についた。
> E．外を歩くたびに、道がとても歩きやすくてキレイ
> だ！と心の中で叫んだ。
> さけ
> F．痰を吐いて2メートル程飛ばすサラリーマンを見
> ほど と
> て、ほう、頑張ったね！と感心した。
> がん ば   かんしん

第7課
だい か

東大家庭教師が教える
とうだい か てい きょう し

頭が良くなる
あたま よ

勉強法
ほう

1. 家庭教師というのは、どんな仕事ですか。
か てい きょう し

2. 勉強したことをしっかり身につけるには、どうしたらいいと思い
み
ますか。

学習目標		
できること **1**	リライトされた易しめの文章を読んで、要点や筆者の主張・意図・メッセージがつかめる	
できること **2**	実用書や教養書の一節を読んで、要点や筆者の意図がつかめる	

評価してみよう！	タスク番号 →	自分でわかった →	授業でわかった →

この課で身につけるスキル

🖼 **メタ・コンテンツをつかむ**	【全体1】	☐ ☐
🖼 **論理をつかむ**		
◉「その意味」とは、どんな意味？	【認知1】	☐ ☐
◉「人に教えることのメリット」は何？	【認知2】	☐ ☐
◉「話を聞いていてわかりにくかった」のは、なぜ？	【認知3】	☐ ☐
◉ 意識のレベル、無意識のレベルとは、どんなこと？	【認知7】	☐ ☐
🖼 **意図をつかむ**		
◉ 筆者にとって「わかった」とは、どんな状態？	【認知5】	☐ ☐
🖼 **主張をつかむ**		
◉ この文章を通じて筆者の言いたいことは何？	【認知6】	☐ ☐
🖼 **情報を見つける**		
◉ 質問されたとき、自分の知識を充実させる方法は？	【認知4】	☐ ☐

東大家庭教師が教える
とうだい か ていきょうし
頭が良くなる勉強法
あたま　　よ　　　　　　　ほう

吉永賢一（著）（『東大家庭教師が教える　頭が良くなる勉強法』（中経出版 2008）より一部改編）
よしながけんいち ちょ とうだい か ていきょうし あたま よ ほう ちゅうけいしゅっぱん いち ぶ かいへん

「教えると、理解が深まる」といわれます。これは本当です。私は家庭教師を　　1
りかい　ふか　　　　　　　　　　　　　　　ほんとう　　　　　　か ていきょうし
しています。自分が学んだことを生徒に教えることによって、知識がさらに深く
まな　　　　　せいと　　　　　　　　　　　　　ちしき　　　　　　ふか
自分のものになるのをいつも感じています。
かん

みなさんもぜひ、教わったことや学んだことを、まわりの人に話してみてくだ　　2
おそ　　　　　　まな
さい。教わったまま、学んだままにしておくと、①「わかったつもり」になって
おそ　　　　　　まな
いることが少なくありません。その場合、②人に説明しようとしてもできません。
ばあい　　　せつめい
これは意識では理解していても、無意識のレベルにまで行っていないからです。
いしき　　　りかい　　　　　　　　むいしき

③その意味で、人に教えることは、自分の「わかったつもり」に気づくきっか　　3
き
けになります。

④人に教えることのメリットは、それだけではありません。あなたの説明に対　　4
せつめい　たい
して相手が質問してくれることがあります。その「質問」に答えることで、あな
あいて
たはさらに知識を深めることができます。これは、自分が自分に聞かなかった質
ちしき　ふか
問を、相手がしてくれるからです。
あいて

学んだことを無意識のレベルにまで持っていくためには、⑤それをどんどん人　　5
まな　　　　　　むいしき
に話していきましょう。

会話をしていて、相手にとってわかりにくいという場合、この「⑥わかってい　　6
あいて　　　　　　　　　　　　　ばあい
るつもりだったけれど、実はわかっていなかったこと」が多いのです。
じつ

相手はそれをすぐに感じて、質問してきます。それは、⑦話を聞いていてわか　　7
あいて　　　　　　　かん
りにくかったからです。そこを一緒に考えたり、あるいは調べて解決したり、新
いっしょ　　　　　　　しら　かいけつ　　　あら
たなアイデアを出して解決したりしているうちに、説明している側の知識も、ど
かいけつ　　　　　　　せつめい　　　がわ ちしき
んどん充実していくのです。
じゅうじつ

■ メタ・コンテンツをつかむ

1. この文章のメタ・コンテンツは何ですか。{　　}の中の適当なものを選びなさい。
　　　ぶんしょう　　　　　　　　　　　　　　　　　　　　　　　てきとう　　　　えら

　　　現役家庭教師からの、{ a. 実体験　　b. 最新の研究結果　　c. 学習理論 }に基づいた、
　　　げんえき か ていきょう し　　　　じったいけん　　さいしん　　けっか　　　がくしゅうりろん　　もと

　　　効果的な勉強法に関する{ a. 体験談　　b. アドバイス　　c. 研究報告 }
　　　こうかてき　　ほう　かん　　　　たいけんだん　　　　　　　　　　ほうこく

2. 文章の種類は何ですか。
　　　ぶんしょう　しゅるい

　　　a. レポート　　　　b. 論文　　　c. 書評　　　d. 実用書
　　　　　　　　　　　　　ろんぶん　　　しょひょう　　じつようしょ

■言語タスク■
　げん　ご

> **2 段落**
　だんらく

1. 下線部①は、どういうことですか。
　　　か せん ぶ

　　　a.　よくわかっているのに、自分は「わからない」と思うことが多い。

　　　b.　よくわかっているのに、自分は「わかった」と思うことが少ない。

　　　c.　よくわかっていないのに、自分は「わかった」と思うことが多い。

　　　d.　よくわかっていないのに、自分は「わかった」と思うことが少ない。

> **2 段落**
　だんらく

2. 下線部②について、（1）（2）の問いに答えなさい。
　　　か せん ぶ　　　　　　　　　　　と

（1）何を説明しようとしているのですか。
　　　　　せつめい

（2）なぜできないのですか。

　　　_____から

> **5 段落**

3. 下線部⑤の目的は何ですか。テキストから抜き出しなさい。

> **6 〜 7 段落**

4. 下線部⑥「わかっているつもりだったけれど、実はわかっていなかった」と、下線部⑦「話を聞いていてわかりにくかった」は、それぞれ説明する側(自分)・説明される側(相手)のどちらですか。

わかっているつもりだったけれど、実はわかっていなかった

〔 説明する側・説明される側 〕

話を聞いていてわかりにくかった　　　　　〔 説明する側・説明される側 〕

■認知タスク■

> **3 段落**　　　　　　　　　　　　　　　　　　　　　　🏞 論理をつかむ

1. 下線部③で、筆者は 2 段落の内容をまとめています。どのような内容ですか。

a. 教わったことや学んだことがよくわかっていなければ、他人にうまく説明できない。

b. 人に教えるためには、まず人から教わったり自分から学んだりする経験が必要だ。

c. 相手が自分の説明を理解できないときに、初めて自分の説明が悪いことがわかる。

d. 自分も相手も、知らないうちに「わかったつもり」になっていることに気づくべきだ。

> **4 段落**　　　　　　　　　　　　　　　　　　　　　　🏞 論理をつかむ

2. 下線部④は、何ですか。2つ書きなさい。

1. ＿＿＿＿＿＿＿＿＿＿＿＿＿＿＿＿＿＿＿＿＿＿＿＿＿＿＿こと

2. ＿＿＿＿＿＿＿＿＿＿＿＿＿＿＿＿＿＿＿＿＿＿＿＿＿＿＿こと

3. 下線部⑦で、「わかりにくかった」のは説明する側にどのような問題があるからですか。
かせんぶ

a. 相手の理解力に合わせた適切な話し方をしなかったから
あいて りかいりょく あ てきせつ

b. 自分だけ一方的に話して相手の意見を聞かなかったから
いっぽうてき てき

c. 相手からの質問にうまく答えられなかったから

d. 話の内容についての理解が浅く、説明が不十分だったから
ないよう あさ ふじゅうぶん

4. 相手からの質問に対してどのようなことをすると、自分の知識を充実させることができ
あいて ちしき じゅうじつ
ますか。3つ書きなさい。

1. ＿＿＿＿＿＿＿＿＿＿＿＿＿＿＿＿＿＿＿＿＿＿＿こと

2. ＿＿＿＿＿＿＿＿＿＿＿＿＿＿＿＿＿＿＿＿＿＿＿こと

3. ＿＿＿＿＿＿＿＿＿＿＿＿＿＿＿＿＿＿＿＿＿＿＿こと

5. 筆者にとって「わかった」とは、どういう状態を指すと考えられますか。
ひっしゃ じょうたい さ

a. 学んだことを意識のレベルで理解している状態
まな いしき りかい

b. 学んだことを無意識のレベルまで定着させた状態
むいしき ていちゃく

6. 筆者の主張として適当なものを選びなさい。
ひっしゃ しゅちょう てきとう えら

a. 学んだことを人に話せば、自分の理解が深くなる。
まな りかい ふか

b. わからないときは、すぐに質問したほうがよい。

c. 学校でわからなかったことは、家庭教師に聞いたほうがよい。
かていきょうし

d. 良いアイデアを出すためには、1人よりも2人で考えたほうがよい。
よ

>全体

📖 論理をつかむ

7. 下の図は理解のレベルを表したものです。(1)〜(3)の問いに答えなさい。

(1) 理解を深めるためには、何をしたらいいですか。図中の下線部に言葉を書きなさい。

(2) [　　]の中に、「意識」または「無意識」という言葉を入れなさい。

(3) 下の a.〜g. はそれぞれ、意識のレベル、無意識のレベルのどちらに当たりますか。
図中に記号を入れなさい。

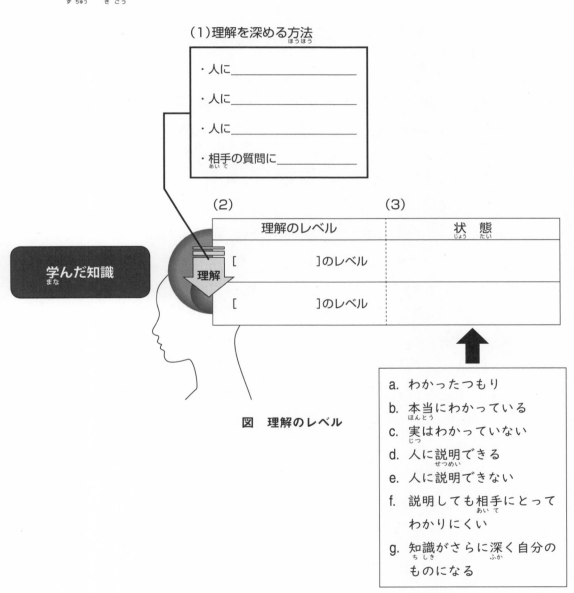

(1)理解を深める方法

・人に＿＿＿＿＿＿＿＿＿＿

・人に＿＿＿＿＿＿＿＿＿＿

・人に＿＿＿＿＿＿＿＿＿＿

・相手の質問に＿＿＿＿＿＿

学んだ知識

理解

(2) 理解のレベル	(3) 状　態
[　　　　　　]のレベル	
[　　　　　　]のレベル	

図　理解のレベル

a. わかったつもり

b. 本当にわかっている

c. 実はわかっていない

d. 人に説明できる

e. 人に説明できない

f. 説明しても相手にとって
わかりにくい

g. 知識がさらに深く自分の
ものになる

肯定？ 否定？

　日本語はあいまいだとよく言われますが、<u>本当にそうでしょうか</u>（＝実はそうではない）。あいまいに見えるのは、「ない」がつくのに肯定の意味だったり（例：〜ではないか＝〜だ）、疑問文なのに疑問の意味ではない場合（例：〜だろうか＝〜ではない）があるからです。でも、一度、形とパターンを覚えれば、あとは簡単です。

1. 次の文は、{　　}のどちらの意味でしょうか。下線部に注目して選びましょう。

① 健康のためには食事も大切ですが、<u>それで十分でしょうか</u>。（cf. 1課、4段落）
　　　＝食事だけで { 十分だ・十分ではない }

② 冬に台風が来る<u>ことはほとんどないと考えていいと思います</u>。（cf. 3課、4段落）
　　　＝冬に台風は { 来る・来ない }

③ 二人が出会えたのは、幸運<u>と言うしかありません</u>。（cf. 5課、5段落）
　　　＝ { 幸運だ・幸運ではない }

④ クラスメートの作文に感心する<u>ことが少なくありません</u>。（cf. 7課、2段落）
　　　＝感心することが { 少ない・多い }

⑤ 原因は人のミスな<u>のではないか</u>と考えています。（cf. 8課、4段落）
　　　＝原因は { 人のミスだ・人のミスではない }

⑥ 原因は人のミス<u>ではない</u>と考えています。
　　　＝原因は { 人のミスだ・人のミスではない }

⑦ <u>みんながオリンピック選手になれるか</u>。答えは言うまでもない。（cf. 10課、3段落）
　　　＝みんながオリンピック選手に { なれる・なれない }

⑧ この仕事は想像する<u>ほど</u>、<u>簡単ではない</u>。（cf. 11課、3段落）
　　　＝この仕事は { 簡単だ・簡単ではない }

第**8**課
だい か

擬態語の楽しさ、
ぎ たい ご
奥深さ
おくぶか

読 む 前 に

1. 「オノマトペ（擬音語・擬態語）」という言葉を知っていますか。
ぎ おん ご　ぎ たい ご　　 こと ば
次の言葉は、擬音語ですか、擬態語ですか。
つぎ

> がたごと、きらきら、ざあざあ、つるつる、
> のろのろ、ばたん、わんわん

2. あなたの母語にも擬態語がありますか。
ぼ ご

この課（か）で身（み）につけるスキル

評価（ひょうか）してみよう**！**

	タスク番号（ばんごう）↓	自分（じぶん）でわかった↓	授業（じゅぎょう）でわかった↓
メタ・コンテンツをつかむ	【全体（ぜんたい）1】		
論理（ろんり）をつかむ			
◉ 筆者（ひっしゃ）が擬態語（ぎたいご）に興味（きょうみ）を持ったきっかけは？	【認知（にんち）1】		
意図（いと）をつかむ			
◉ 擬態語（ぎたいご）についての研究結果（けんきゅうけっか）は、何を表（あらわ）している？	【認知（にんち）4】		
◉ この文章（ぶんしょう）の内容（ないよう）に合（あ）うのは、どれ？	【認知（にんち）5】		
◉ この文章（ぶんしょう）を通（つう）じて筆者（ひっしゃ）の言いたいことは何？	【認知（にんち）6】		
比（くら）べる			
◉ 擬態語（ぎたいご）の数（かず）と、痛（いた）みを相手（あいて）に伝（つた）えることの関係（かんけい）は？	【認知（にんち）3】		
何の例（れい）かをつかむ			
◉ 痛（いた）みを伝（つた）える擬態語（ぎたいご）の例（れい）は、何を説明（せつめい）している？	【認知（にんち）2】		

擬態語の楽しさ、奥深さ
ぎ たい ご　　　　　　　　おくぶか

今井むつみ（著）
いまい　　　　ちょ

（『ことばの宇宙への旅立ち3―10代からの言語学』（大津由紀雄（編）ひつじ書房 2010）より一部改編）
うちゅう　　たびだ　　たい　　げんごがく　おおつゆきお へん　　　しょぼう　　　　　　　いちぶかいへん

　私は①擬態語に興味を持ち、その研究をしています。擬態語はオノマトペとも　　　1
　　ぎたいご　きょうみ　　　　　　　　　　　　　　　　　　ぎたいご
呼ばれます。私が擬態語に興味を持ったきっかけは、調査や実験のために保育園
よ　　　　　　　ぎたいご　きょうみ　　　　　　　　　　ちょうさ　じっけん　　ほいくえん
に行ったことです。保育士さんも子どもも、とても生き生きとクリエイティブに
　い　　　　　　　　ほいくし　　　　　　　　　　　　い　い
擬態語を使っていました。そこは②擬態語ワールドでした。
ぎたいご　つか　　　　　　　　　　　　ぎたいご

　伝統的な言語学では、ことばは記号で、ことばの音と意味は恣意的な関係であ　　2
　てんとうてき　げんごがく　　　　　　　きごう　　　　　　　　　　　しいてき　かんけい
る（つまり意味のある関係はない）と考えられています。しかし、擬態語は違いま
　　　　　　　　　　かんけい　　　　　　　　　　　　　　　　　　ぎたいご　ちが
す。音が意味の一部なのです。擬態語は日本語には必要なことばです。擬態語を
　　　　　　いちぶ　　　　　　ぎたいご　　　　　　　　ひつよう　　　　　　　ぎたいご
使えば、自分の感覚や気持ちを、相手にわかりやすく伝えることができます。
つか　　　　　　かんかく　　　　　　　あいて　　　　　　　つた

　たとえば、③ズキズキ、ズキンズキン、シクシク、キリキリなどの擬態語がな　　3
　　　　　　　　　　　　　　　　　　　　　　　　　　　　　ぎたいご
かったら、お医者さんにどのように痛いのかを伝えるのはとても難しいでしょう。
　　　　いしゃ　　　　　　　　　いた　　　つた　　　　　　　むずか
実際、英語は擬態語が少ないので、英語で人に痛みを伝えるのはとても難しいそ
じっさい　えいご　ぎたいご　　　　　　　　　　　　いた　つた　　　　　　　むずか
うです。

　最近、私はイギリスのチームと共同で研究を行いました。④その研究では、日　　4
　さいきん　　　　　　　　　　　　きょうどう　　おこな
本語をまったく聞いたことがないイギリス人の大人や子どもでも、日本語の擬態
　　　　　　　　　　　　　　　　　　　　　　　　　　　　　　　　　ぎたい
語の意味をある程度理解できることを示しました。また、擬態語は、普通の動詞
ご　　　　　　ていどりかい　　　　しめ　　　　　　ぎたいご　ふつう　どうし
や副詞と、脳の活動のしかたが違うこともわかりました。擬態語を研究すること
　ふくし　のう　かつどう　　　ちが　　　　　　　　　　ぎたいご
によって、言語の性質や言語学習の仕組みについて⑤ヒントが得られるのではな
　　　　げんご　せいしつ　げんごがくしゅう　しく　　　　　　　え
いかと考えています。

1. この文章のメタ・コンテンツは何ですか。{　　}の中の適当なものを選びなさい。
　　　　ぶんしょう　　　　　　　　　　　　　　　　　　　　　　てきとう　　　　　　　えら

　　筆者が感じている擬態語の{ a. 魅力　b. 難しさ　c. 多様性 }の
　　ひっしゃ かん　　　　ぎたいご　　みりょく　　むずか　　　たようせい
　　{ a. 批判　b. 提案　c. 紹介 }
　　　ひ はん　　ていあん　　しょうかい

2. 文章の種類は何ですか。
　　ぶんしょう しゅるい

　　　　a. 小説　　b. 新聞記事　　c. 論文　　d. 教養書
　　　　しょうせつ　　しんぶんきじ　　ろんぶん　　きょうようしょ

■ 言 語 タ ス ク ■
　　　　げん　　ご

＞1段落
　　　だんらく

1. 筆者の職業は何だと考えられますか。
　　ひっしゃ しょくぎょう

　　　a.　会社員

　　　b.　医者

　　　c.　保育士
　　　　　ほ いく し

　　　d.　研究者
　　　　　　　　しゃ

＞1段落
　　　だんらく

2. 下線部①と同じ意味の言葉は何ですか。テキストから抜き出しなさい。
　　かせんぶ　　　　　いみ ことば　　　　　　　　　　　　ぬ だ

＞1段落
　　　だんらく

3. 下線部②は、どのような様子を表していますか。
　　かせんぶ　　　　　　　　ようす あらわ

　　　　　　　　　　　　　　　　　　　　　　　　　　　　　　　　　　　様子

> **2 段落**
だんらく

4. 擬態語は、音と意味との間に関係がありますか。
ぎ たい ご　　　　　　　　　　　　　　　かんけい

　　　ある　　・　　ない

> **3 段落**
だんらく

5. 下線部③の「ズキズキ、ズキンズキン、シクシク、キリキリ」は、何を表していますか。
か せん ぶ　　　　　　　　　　　　　　　　　　　　　　　　　　　　あらわ

　　a.　痛みの種類
　　　　いた　　しゅるい

　　b.　音の種類

　　c.　悲しみの種類
　　　　かな

　　d.　困難の種類
　　　　こんなん

> **3 段落**
だんらく

6. 下線部③は、つまりどういうことですか。
か せん ぶ

　　a.　英語には擬態語があるから難しい。
　　　　　　　　　ぎ たい ご　　　　　むずか

　　b.　英語には擬態語がないから難しくない。

　　c.　日本語には擬態語があるから難しくない。

　　d.　日本語には擬態語がないから難しい。

> **4 段落**
だんらく

7. 筆者がイギリスのチームと共同で行った研究では、何がわかりましたか。テキストから
ひっしゃ　　　　　　　　　　きょうどう　おこな
・**2つ**探して、最初と最後の4文字を書きなさい。
さが　　　さいしょ さいご　　もじ

1.　　☐☐☐☐　　～　　☐☐☐☐

2.　　☐☐☐☐　　～　　☐☐☐☐

8. 下線部⑤は、どのような意味ですか。

 a. ヒントが得られるだろう。

 b. ヒントは得られないだろう。

■ 認 知 タ ス ク ■

> 1 段落   [論理をつかむ]

1. 筆者が擬態語に興味を持ったきっかけは何ですか。（ ）に適当な言葉を書きなさい。

（   ）に行って、

（   ）のを見たこと。

> 2 〜 3 段落   [何の例かをつかむ]

2. 3段落は、何を説明するための例ですか。

 a. 擬態語を使うメリット

 b. 擬態語を使うことの難しさ

 c. 擬態語を使った痛みの伝え方

 d. 擬態語で表す痛みの種類

> 3 段落   [比べる]

3. ▢▢▢ の中から言葉を選び、表を埋めなさい。

	日本語	英語
擬態語の数		
痛みを相手に伝えること		

多い 少ない とても難しい 難しくない

70

4. 下線部④の研究結果は、何を意味していますか。
_{か せん ぶ} _{けっ か}

   a.　お医者さんに痛みを伝えるのが難しいこと
_{いた} _{つた} _{むずか}

   b.　英語で人に痛みを伝えるのが難しいこと

   c.　イギリス人には日本語の勉強が簡単なこと
_{かんたん}

   d.　擬態語の音から意味がイメージできること
_{ぎ たい ご}

5. テキストの内容に合うものに〇、合わないものに×をつけなさい。
_{ないよう} _あ

   a.　（　　　）筆者は保育園で、子どもたちや保育士さんに擬態語の使い方を教えて
_{ひっしゃ} _{ほ いくえん} _{ほ いく し} _{ぎ たい ご}
いる。

   b.　（　　　）擬態語は伝統的な言語学のルールに合わないから、本当のことばでは
_{てんとうてき} _{げん ご がく} _{ほんとう}
ない。

   c.　（　　　）普通、初めて聞くことばの意味はわからないが、擬態語はわかること
_{ふ つう} _{はじ}
がある。

   d.　（　　　）擬態語はわかりやすいので、たくさんの情報を正しく速く伝えるの
_{じょうほう} _{はや} _{つた}
に役立つ。
_{やく だ}

   e.　（　　　）擬態語を調べれば、言語がどのように学習されるのかがわかるかも
_{しら} _{がくしゅう}
しれない。

6. この文章で筆者が伝えたいことは何ですか。
_{ぶんしょう} _{ひっしゃ} _{つた}

   a.　他の言語にはなくて日本語だけにある擬態語は、とても不思議だ。
_{ほか} _{げん ご} _{ぎ たい ご} _{ふ し ぎ}

   b.　もし日本語に擬態語がなかったら、生活ができなくなるだろう。
_{せいかつ}

   c.　自分が研究している擬態語は、本当にユニークでおもしろい。
_{ほんとう}

   d.　擬態語の研究には重要な意味があるから、もっと研究するべきだ。
_{じゅうよう}

エクサササイズ ④

「基準」と「条件」

　私たちは、何かを選ぶ時、さまざまな「基準」や「条件」を考えて決めます。たとえば、住まいを選ぶ「基準」は、〈駅からの距離〉〈家賃〉〈広さ〉などでしょう。そして、「基準」が〈駅からの距離〉なら、「条件」は〈駅からすぐ〉〈10分以内〉〈歩いて行ける〉などです。この本では、「基準」と「条件」をこのように区別して使います。

1. ＜不動産屋での会話＞

　担当者：どのような物件をご希望ですか？
　　　A　：駅から歩いて5分以内で、お風呂とトイレがついていて、家賃は5万円以内！

　➡ このAさんが言ったことは？ … 住まい選びの ｛ 基準 ・ 条件 ｝

　　　B　：これから生活する場所なので、周りの環境が一番重要だと思うんですよね。

　➡ このBさんが言ったことは？ … 住まい選びの ｛ 基準 ・ 条件 ｝

2. 次の①〜⑤は「基準」ですか、「条件」ですか？

　① 進学する学校は、絶対に東京都内で探す。　　　　｛ 基準 ・ 条件 ｝
　② 自分の学びたい専門があるかどうかで学校を決める。｛ 基準 ・ 条件 ｝
　③ 働くなら、やりがいのある仕事がしたい。　　　　｛ 基準 ・ 条件 ｝
　④ 仕事を選ぶときは給与と仕事内容が大切だ。　　　｛ 基準 ・ 条件 ｝
　⑤ 土曜日と日曜日が休みの仕事を探す。　　　　　　｛ 基準 ・ 条件 ｝

3. スーツケースを買います。どうやって選びますか。あなたの「条件」を書きましょう。

	サイズ	色	価格
Aさん	大きい	赤	2万円以内
Bさん	機内持ち込み	明るい色	
Cさん	2泊3日用		安い
あなた			

← これが「基準」です。

これが「条件」です。

4. 夏休みに旅行に行きます。宿泊先をどうやって選びますか。下の表の空欄に A さん・B さん・C さん、そしてあなたの「基準」と「条件」を書きましょう。

		タイプ	広さ		
A さん	交通が便利なところ	ビジネスホテル	12㎡〜		← 「基準」
B さん		旅館		10000 円ぐらい	
C さん	駅の近く			3000 円ぐらい	「条件」
あなた					

A：いろいろ回りたいから交通が便利なところにあるビジネスホテル。予算は 8000 円。せまくてもいいけれども、最低 12㎡はほしい。

B：10000 円ぐらいで泊まれる日本旅館。ゆっくりしたいから温泉に近いところ。一人だから、広さは 8 畳もあればいい。

C：観光がメインだから、宿泊は安いところがいい。3000 円ぐらいのユースホステルで。でも、駅から遠いのはダメ。

5. 次のとき、一般的に、どのような「基準」が考えられますか。思いつく「基準」をできるだけたくさん挙げてみましょう。

例）旅行の行き先を決めるとき

　　距離、交通機関、観光スポット、景色、歴史、食事、費用…

① 進学先の学校を決めるとき

② 将来の仕事を決めるとき

第**9**課 13歳の
ハローワーク

読 む 前 に

1. あなたは、将来どんな仕事をしたいですか。

2. あなたが13歳くらいの時、将来の夢は何でしたか。

<table>
<tr><td rowspan="2">学習目標
(がくしゅうもくひょう)</td><td>できること 1</td><td>リライトされた易しめの文章を読んで、要点や筆者の主張・意図・メッセージがつかめる
(やさ) (ぶんしょう) (ようてん) (ひっしゃ) (しゅちょう) (い) (と)</td></tr>
<tr><td>できること 2</td><td>2つのエッセイを読んで比べ、それぞれの筆者の主張がつかめる
(くら) (ひっしゃ) (しゅちょう)</td></tr>
</table>

	この課で身につけるスキル (かみ)	評価してみよう！ (ひょうか)	タスク番号 (ばんごう)	自分でわかった	授業でわかった (じゅぎょう)
	メタ・コンテンツをつかむ		【全体1】(ぜんたい)		
	論理をつかむ (ろんり)				
		⊙ 仕事の選び方に関する筆者の考えとその理由は？ (えら) (かん) (ひっしゃ) (りゆう)	【認知3】(にんち)		
	意図をつかむ (いと)				
		⊙ 筆者の考える、大人になるための条件は？ (ひっしゃ) (じょうけん)	【認知1】(にんち)		
		⊙ 筆者の考える「向いている」こととは、どんな意味？ (ひっしゃ) (む)	【認知2】(にんち)		
		⊙ 「好き」を「入り口」として考えるとは、どんな意味？	【認知4】(にんち)		
		⊙ 「その時間が、可能性なのです」は、どんな意味？ (か のうせい)	【認知5】(にんち)		
	主張をつかむ (しゅちょう)				
		⊙ 仕事選びに関する筆者の考えは、どんなもの？ (えら) (かん) (ひっしゃ)	【認知6】(にんち)		
		⊙ この文章を通じて筆者の言いたいことは何？ (ぶんしょう) (つう) (ひっしゃ)	【認知7】(にんち)		

13歳のハローワーク
さい

村上 龍・はまのゆか（著）（『新 13歳のハローワーク』（幻冬舎 2010）序文より一部改編）
むらかみ りゅう　　　　　ちょ　　　しん さい　　　　　　げんとうしゃ　　　　じょぶん　　いち ぶ かいへん

1：仕事とお金

　わたしたちは仕事をしてお金を手に入れます。その仕事の種類を職業と言いま
しゅるい　しょくぎょう
す。わたしは作家という職業についていますが、他にもたくさんの職業があり、
さっか　　　しょくぎょう　　　　　　　　ほか　　　　　　　　　　しょくぎょう
①大人になるために必要なものです。（略）
ひつよう　　　　　　　りゃく

2：仕事と好奇心
こう き しん

　大人になるためには仕事をしてお金を得ることが必要だとしたら、②ほんとう
え　　　　　ひつよう
にいやなこと、つまり自分に向いていない仕事よりも、自分に向いている仕事を
む　　　　　　　　　　　　　　　　　む
したほうがいい、というのが③この本の基本的な考え方です。
き ほんてき

　（略）わたしたちは、④自分の好奇心を満たしてくれるものには飽きないし、い
りゃく　　　　　　　　　　こう き しん　み　　　　　　　　　あ
くらでも集中できます。いくらでも集中できて、飽きない、というのが、その人
しゅうちゅう　　　　　　　　　　　しゅうちゅう　　　あ
に「向いていること」です。
む

　どんな仕事にも努力が必要で、勉強や訓練をしなければなりません。けれども、
ど りょく　ひつよう　　　　　　　くんれん
向いている仕事なら、訓練や勉強を続けるのがあまりたいへんではない、という
む　　　　　　　　　くんれん　　　つづ
ことです。だから、⑤向いている仕事をするほうが、向いていない仕事をするよ
む　　　　　　　　　　　　　　む
り有利です。充実感を得たり、成功する可能性も大きくなるのです。
ゆう り　　じゅうじつかん　え　　　　せいこう　　か のうせい

3：仕事と「好き」

　（略）13歳のみなさんは、⑥「好き」ということを「入り口」として考えてく
りゃく　　　さい
ださい。（略）確かに、現実的には、自分に「向いている仕事」をしている人は少
りゃく　たし　　　げんじつてき　　　　　　　む
ないかも知れません。でもすべての13歳は、「向いている仕事」につく可能性を
さい　　　む　　　　　　　　　　か のうせい
持っています。学校の勉強ができない子も、自信がなくて内気な子も、友だちが
じ しん　　　　　うち き
いなくて寂しい子も、家が貧しい子も、大人になるためのぼうだいな時間を持っ
さび　　　　　　　まず
ているからです。⑦その時間が、可能性なのです。だから、自分に「向いている
か のうせい　　　　　　　　　　　　　む
仕事」が必ずあるはずだ、と心のどこかで強く思うようにしてください。
かなら

77

1. この文章のメタ・コンテンツは何ですか。＿＿に適当な言葉を書き、{ }の中の適当
ぶんしょう   てきとう ことば
なものを選びなさい。
えら

＿＿＿＿＿＿＿＿＿＿に向けて書いた { a. 時間の使い方   b. 職業の選び方
む   しょくぎょう
c. 勉強の仕方 } についてのメッセージ
し かた

2. 文章の種類は何ですか。
ぶんしょう しゅるい

a. 本の紹介   b. 本の目次   c. 本の序文   d. 本の感想
しょうかい   もく じ   じょぶん   かんそう

■ 言 語 タ ス ク ■
げん ご

> **1段落**
だんらく

1. 下線部①は、何ですか。
か せん ぶ

> **2段落**
だんらく

2. 下線部②は、何を指していますか。
か せん ぶ   さ

   a. 自分に向いていない仕事
む

   b. 大人になること

   c. 自分に向いている仕事
む

   d. お金を稼ぐこと
かせ

> **2段落**
だんらく

3. 下線部③は、どのような考え方ですか。
か せん ぶ

   a. お金を得るためには、どんな仕事でもやってみたほうがいい。
え

   b. お金を得るためには、いやなことでもがまんしたほうがいい。

   c. 職業を選ぶ時は、自分に向いている仕事を選んだほうがいい。
しょくぎょう えら   む

   d. 職業を選ぶ時は、たくさんの仕事の中から選んだほうがいい。

＞3段落

4. 下線部④は、どのような意味ですか。

    a.　おもしろいと思うことは、集中できるしずっと続けられる。

    b.　好きだと思うことには、いくらお金を使ってもいい。

    c.　おもしろいと思っても、すぐにいやになることがある。

    d.　好きだと思うことをする時は、すぐに集中できる。

＞4段落

5. 下線部⑤は、次の a. b. のうちどちらが有利ですか。

    a.　向いている仕事をすること

    b.　向いていない仕事をすること

＞5段落

6. 下線部⑦の「その時間」は、何を指していますか。テキストから抜き出しなさい。

■認知タスク■

＞1～2段落

意図をつかむ

1. 筆者は、大人になるための条件は何だと考えていますか。

    a.　仕事をしてお金を得ること

    b.　いやなことをすること

    c.　お金持ちになること

    d.　作家になること

2. 筆者の考える「向いている」こととは、どのような意味ですか。
ひっしゃ   む

    a. 他の人よりも簡単に上手にできること
       ほか   かんたん

    b. 興味があるが、やったことがないこと
       きょう み

    c. ずっと続けていてもいやにならないこと
          つづ

    d. 生まれた時から特別な才能があること
                さいのう

3. 筆者の主張をまとめなさい。
ひっしゃ しゅちょう

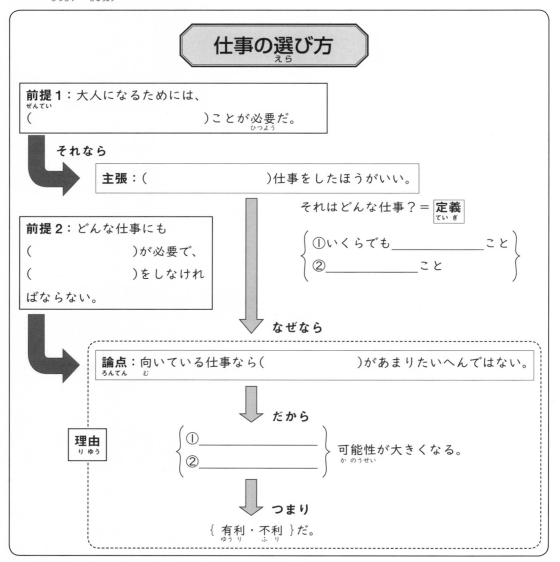

4. 下線部⑥は、どのような意味ですか。

  a.　最初は必ず好きな仕事から始めるべきだ。

  b.　好きなことから向いている仕事を探すのがよい。

  c.　好きな仕事をしてから、他の仕事を探すのがよい。

  d.　将来のために、今すぐ好きな仕事を探すべきだ。

5. 下線部⑦は、どのような意味ですか。内容と合うものをすべて選びなさい。

  a.　今は不可能でも未来には可能かもしれない。

  b.　成功に向かって努力するための時間がある。

  c.　成功するまで何度でもやり直す時間がある。

  d.　長い時間があるから、いつか必ず成功する。

6. 筆者の考えと合っているものをすべて選びなさい。

  a.　自分に向いている仕事があると信じることが大切である。

  b.　自分に向いている仕事をして人生に成功した人は多い。

  c.　仕事をするなら、自分に向いている仕事をしたほうがいい。

  d.　仕事をすることは、大人になるために必要なことである。

7. この文章で、筆者が一番伝えたいことは何ですか。

  a.　まだ時間がたくさんあるから、自分に向いている仕事を探すのがよい。

  b.　どんな仕事にも努力が必要だから、今学校でしっかり勉強することが大切だ。

  c.　立派な大人になるために、仕事をしてお金を手に入れなければならない。

  d.　成功する可能性を高くするために、できるだけ早く職業を決めるべきだ。

第10課 間違いだらけの職業選び
だい か まちが
しょくぎょうえら

1. あなたは、自分の好きなことを仕事にしたいと思いますか。

2. 仕事を選ぶなら、次のどれがいいですか。
えら つぎ

　・好きなこと

　・得意なこと
　　とく い

　・人の役に立つこと
　　　やく た

　・お金を多く稼げること
　　　　　かせ

　・楽なこと
　　らく

<table>
<tr><td rowspan="2">学習目標
（がくしゅうもくひょう）</td><td>できること 1</td><td>リライトされた易（やさ）しめの文章（ぶんしょう）を読んで、要点（ようてん）や筆者（ひっしゃ）の主張（しゅちょう）・意図（いと）・メッセージがつかめる</td></tr>
<tr><td>できること 2</td><td>2つのエッセイを読んで比（くら）べ、それぞれの筆者（ひっしゃ）の主張（しゅちょう）がつかめる</td></tr>
</table>

		タスク 番号（ばんごう） ↓	自分で わかった ↓	授業（じゅぎょう）で わかった ↓
	評価（ひょうか）してみよう！			

この課（か）で身（み）につけるスキル

	メタ・コンテンツをつかむ	【全体（ぜんたい）1】	☐	☐
	意図（いと）をつかむ			
	⊙「これが好きな人にはこんな職業（しょくぎょう）」は、どんな構成（こうせい）？	【認知（にんち）1】	☐	☐
	⊙「世の中（よのなか）で大切なこと」とは、どんな意味？	【認知（にんち）4】	☐	☐
	主張（しゅちょう）をつかむ			
	⊙ 仕事選（えら）びに関（かん）する筆者（ひっしゃ）の考えは、どんなもの？	【認知（にんち）5】	☐	☐
	比（くら）べる			
	⊙ 2人の筆者（ひっしゃ）は、仕事選（えら）びについてどう考えている？	【対比型（たいひがた）】	☐	☐
	何の例（れい）かをつかむ			
	⊙「これが好きな人にはこんな職業（しょくぎょう）」は、何の例（れい）？	【認知（にんち）2】	☐	☐
	⊙「本田圭佑（ほんだけいすけ）にもイチローにも…」は、何の例（れい）？	【認知（にんち）3】	☐	☐

間違いだらけの職業選び
まちが　　　　　しょくぎょうえら

本川達雄（著）（『何のために「学ぶ」のか〈中学生からの大学講義〉1』
もとかわたつお　ちょ　　　　　　　　　　　　　　　まな　　　　　ちゅうがくせい　　　　だいがくこうぎ
（桐光学園＋ちくまプリマー新書編集部（編）筑摩書房 2015）より一部改編）
とうこうがくえん　　　　　　　　しんしょへんしゅうぶ　へん　ちくましょぼう　　　　　　　いちぶかいへん

　さて、君たちが勉強する大きな目標の一つは、仕事に就いてお金を稼いで生き　　　1
　　　きみ　　　　　　　　　　　　　　もくひょう　　　　　　　　　　つ　　　　　かね　かせ
ていくことだろう。では、将来どんな仕事に就いたらいいのか。
　　　　　　　　　　　　しょうらい　　　　　　　　　つ

　最近は①「自分の好きなことを仕事にしなさい」とよく言われるが、②これは　　　2
　さいきん
どうかと私は思う。

　例えば、ベストセラーになったローティーンのための職業案内書を見ると、　　　　3
　たと　　　　　　　　　　　　　　　　　　　　　　　しょくぎょうあんないしょ
③「これが好きな人にはこんな職業があるよ」という構成になっている。「好き
　　　　　　　　　　　　　しょくぎょう　　　　　　　　　こうせい
なことは何？」と聞かれたら「僕はサッカーが好き」「僕は野球が好き」「私は歌
　　　　　　　　　　　　　　　ぼく　　　　　　　　　　　ぼく　やきゅう
うのが好き」と答えるだろう。しかし、みんながプロ選手や歌手になれるか？
　　　　　　　　　　　　　　　　　　　　　　　せんしゅ　かしゅ
100人いても確率はほとんどゼロ。誰一人、④本田圭佑にもイチローにも浜崎あ
　　　　　かくりつ　　　　　　　　　だれ　　　　　ほんだけいすけ　　　　　　　　　はまさき
ゆみにもなれない。これは当たり前のことだ。
　　　　　　　　　　　　　　あ　まえ

　とすると、みんなが自分の好きなことを職業にしようとしたら、世の中は⑤挫　　4
　　　　　　　　　　　　　　　　　　　しょくぎょう　　　　　　　　よ　なか　　　ざ
折した人間であふれてしまう。「私は好きなことができなかった。私の人生は挫
せつ　にんげん　　　　　　　　　　　　　　　　　　　　　　　　　　　　　　じんせい　ざ
折の人生だ……」と暗い気持ちで人生を過ごすことになる。もしも君たちが「自
せつ　じんせい　　　　　　くら　　　　　　じんせい　す　　　　　　　　　　　　　きみ
分の好きなことを仕事にしなさい」という指導を受けたなら、「⑥この人は私を
　　　　　　　　　　　　　　　　　　　　しどう　う
不幸にしようとしている」と考えたほうがよろしい。
ふこう

　だから、職業を選ぶときは「好きなことをする」ではなく「⑦世の中で大切な　　5
　　　　しょくぎょう　えら　　　　　　　　　　　　　　　　　　　　　　よ　なか
ことをする」と考えたほうがよい。「特別に好きではないけれど嫌いではない。
　　　　　　　　　　　　　　　　　　　　　　　　　　　きら
これだったら私は結構やれるし、それなりに社会の役に立っているなあ。」と思
　　　　　　けっこう　　　　　　　　　　　　　　やく　た
えるものを見つけていくことが、現実的な職業選びだと私は考える。
　　　　　　　　　　　　　げんじつてき　しょくぎょうえら

■ 全 体 把 握 ■
_{ぜん　　　たい　　　は　　　あく}

1. この文章のメタ・コンテンツは何ですか。{　　}の中の適当なものを選びなさい。
_{ぶんしょう}　　　　　　　　　　　　　　　　　　　　　　　　_{てきとう}　　　　　　　_{えら}

{ a. 中学生や高校生　b. 小さい子どもたち　c. 今仕事を探している大人 } に向けて
_{ちゅうがくせい}　　　　　　　　　　　　　　　　　　　　　　　　_{さが}　　　　　　　　　　_む

書いた { a. 仕事の選び方　b. 時間の使い方　c. 人生の過ごし方 } についての
_{じんせい　す}

メッセージ

2. 文章の種類は何ですか。
_{ぶんしょう　　しゅるい}

　　a. 小説　　　b. エッセイ　　c. 新聞記事　　d. 手紙
_{しょうせつ}　　　　　　　　　　　　　　　_{きじ}

■ 言 語 タ ス ク ■
_{げん　　　ご}

> 2 段落
_{だんらく}

1. 下線部①は、誰が言っているのですか。
_{かせんぶ}　　_{だれ}

　　a.　筆者
_{ひっしゃ}

　　b.　世の中の人
_{よ　なか}

　　c.　プロの選手や歌手
_{せんしゅ　かしゅ}

　　d.　ローティーンの人

> 2 段落
_{だんらく}

2. 下線部②は、どのような意味ですか。
_{かせんぶ}

　　a.　とても良い考えだ
_よ

　　b.　良い考えではない

　　c.　どちらとも言えない

　　d.　今、考えている

3. テキストの内容と合っているものをすべて選びなさい。

a. 私たちが勉強する目標の一つは、楽をしてお金持ちになることだ。

b. 私たちが勉強する目標の一つは、仕事をして生きていくことだ。

c. 自分の好きなことを将来の仕事にできる確率は、非常に低い。

d. 将来、どんな仕事をしたらいいのかわからない子どもが多い。

4. 下線部⑤は、どんな人ですか。

a. 自分の嫌いなことを職業にするように、周りの人から言われた人

b. 不幸なことばかり続いて、暗い気持ちで人生を過ごしている人

c. 自分の好きなことを職業にしたいと思ったが、できなかった人

d. 社会の役に立つ仕事を探したが、それが見つからなかった人

5. 下線部⑥は、誰を指していますか。

a. 「自分の好きなことを仕事にしなさい」と指導する人

b. 筆者

c. 自分の周りの人

d. 世の中の挫折した人

■ 認 知 タ ス ク ■

意図をつかむ

1. 下線部③の「『これが好きな人にはこんな職業があるよ』という構成」は、どのような構成ですか。

a. 好きな仕事 ⇒ 必要な勉強　（例：画家 ⇒ 絵の勉強）

b. 仕事の種類 ⇒ 合うタイプ　（例：画家 ⇒ 絵が好きな人）

c. 好きなこと ⇒ 仕事の種類　（例：絵をかくこと ⇒ 画家）

d. 仕事の種類 ⇒ 好きなこと　（例：画家 ⇒ 絵をかくこと）

2. 下線部③は、何の例ですか。
かせんぶ　　　　れい

    a. 最近のベストセラーによくある構成の例
    さいきん　　　　　　　　　　　　こうせい　れい

    b. スポーツのプロ選手や歌手になることを勧める例
    せんしゅ　かしゅ　　　　　　　すす

    c. 「自分の好きなことを仕事にしなさい」と言う例

    d. 「世の中で大切なことを仕事にしなさい」と言う例
    よ　なか

3. 下線部④は、何の例ですか。
かせんぶ　　　　れい

    a. 好きなことを仕事にして成功した有名人
    せいこう　　ゆうめいじん

    b. 好きなことを仕事にしようとして挫折した人
    ざせつ

    c. 嫌いなことを仕事にして成功した有名人
    きら

    d. 嫌いなことを仕事にしようとして挫折した人

4. 下線部⑦で、筆者の考える「世の中で大切なこと」とは、どのような意味ですか。
かせんぶ　　　ひっしゃ　　　　　よ　なか

    a. 仕事に就いてお金を稼ぐこと
    つ　　　　　かせ

    b. 少しでも社会の役に立つこと
    やく　た

    c. 好きなことを仕事にすること

    d. あきらめないで努力すること
    どりょく

5. 筆者の考えと合っているものをすべて選びなさい。
ひっしゃ　　　あ　　　　　　　　　　　えら

    a. 職業を選ぶときは、自分は何が好きかを考えたほうがいい。
    しょくぎょう

    b. 職業を選ぶときは、社会の役に立つ仕事を探すのがいい。
    やく　た　　さが

    c. 自分の好きなことを職業にできるかどうかは大切ではない。

    d. 自分の好きなことから将来の職業を選ぶのは、いいことだ。
    しょうらい

■対比型タスク■
たい　ひ　がた

比べる
くら

1. 第9課、第10課それぞれの筆者は「仕事をしてお金を手に入れること」をどのような
だい　か　　　　　　　　　　ひっしゃ
ことだと考えていますか。それぞれ1段落から探して書きなさい。
だんらく　さが

　　第9課の筆者　⇒（　　　　　　　　　　　　　　　　）

　　第10課の筆者 ⇒（　　　　　　　　　　　　　　　　）

2. 第9課、第10課2つのテキストを比べて、表の＿＿＿には適当な言葉を入れ、{　　}の
だい　か　　　　　　　　　　　　　くら　　ひょう　　　　　　　てきとう　ことば
中の適当なものを選びなさい。
えら

	第9課のテキスト 13歳のハローワーク さい	第10課のテキスト 間違いだらけの職業選び まちが　　　しょくぎょうえら
対象 たいしょう	＿＿＿＿＿＿＿＿＿＿	＿＿＿＿＿＿＿＿＿＿
テーマ	将来の（　　　　　　　　）をどのように選ぶか しょうらい	
主張 しゅちょう	職業を選ぶ時は、 ＿＿＿＿＿＿＿＿＿＿ ＿＿＿＿＿＿＿＿＿＿ ＿＿＿＿＿＿＿かどうかを、 ＿＿＿＿＿＿＿かどうかを、 {参考・基準・目標}にするべきだ。 　さんこう　きじゅん　もくひょう	
論点 ろんてん	好きで向いていることなら む ＿＿＿＿＿＿がたいへんではない。 だから、有利で、＿＿＿＿＿＿可能 ゆうり　　　　　　　　かのう 性が高いから。 せい	① 好きな仕事につける確率は かくりつ ＿＿＿＿＿から。 ② 好きなことより世の中に よ　なか 　役立つことを探すほうが 　やくだ　　さが 　＿＿＿＿＿から。

発展
はってん

あなた自身の考えは、第9課と第10課のどちらの考えに近いですか。理由も答えてください。
じしん　　　　　　　　　　　　　　　　　　　　　　　　　　　りゆう

エクササイズ⑤

「事実」と「意見」

「事実」と「意見」を区別することは、読解の基本です。

◆事実 … 筆者の考えを含まない客観的な情報

   ＜事実＝正しいこと＞とは限りません。

◆意見 … 筆者自身の考えや主張

「事実」と「意見」の違いは、よく文末に表れます。

例）事実：〜する／〜した／〜している　など

  意見：〜べきだ／〜たほうがいい／〜てはどうか／〜ではないだろうか　など

1. 次の文は「事実」でしょうか、「意見」でしょうか。文末に注目して、どちらかに〇をつけましょう。文末だけで決められないときは、内容も考えましょう。

 ① このお祭りは 17 世紀に始まった。　　　　　　　　{ 事実 ・ 意見 }

 ② このビルの向かいに公園がある。　　　　　　　　{ 事実 ・ 意見 }

 ③ コンビニの 24 時間営業は必要だろうか。　　　　{ 事実 ・ 意見 }

 ④ 大人は自分の行動に責任を持つべきだ。　　　　{ 事実 ・ 意見 }

 ⑤ ここから駅までの距離は約 2 キロだ。　　　　　{ 事実 ・ 意見 }

 ⑥ 冷暖房はこまめに調節したほうがいい。　　　　{ 事実 ・ 意見 }

2. 次の文を「事実」または「意見」に書き換えましょう。（内容が変わってもいいです。）

 例）友達は一人いれば十分だ。（意見）

  ➡ 友達は一人いれば十分だ＿＿＿＿＿と言う人がいる＿＿＿＿＿。（事実）

 ① 約束を守ることは大切だ。（意見）

  ➡ 約束を守ることは大切だ＿＿＿＿＿＿＿＿＿＿＿＿＿。（事実）

 ② この映画はランキングの上位に挙がった。（事実）

  ➡ この映画は＿＿＿＿＿＿＿＿＿＿＿＿＿＿＿＿＿＿＿。（意見）

第 13 課「1 の励ましが…」の認知タスク 5（p.115）では、さらに細かく「事実」を「事実」と「伝聞」に、また「意見」を「推測」と「意見」に分けます。けれども、一番重要な基本は「事実」と「意見」をしっかり区別することです。

第11課 自分は自分だから よい

1. あなたの長所・短所は、何ですか。

2. 自分の短所をかくしたいと思ったことはありますか。

<table>
<tr><td rowspan="3">学<ruby>習<rt>がく</rt></ruby><ruby>目<rt>しゅう</rt></ruby><ruby>標<rt>もく</rt></ruby>
（ひょう）</td><td>できること 1</td><td>リライトされた<ruby>易<rt>やさ</rt></ruby>しめの<ruby>文章<rt>ぶんしょう</rt></ruby>を読んで、<ruby>要点<rt>ようてん</rt></ruby>や<ruby>筆者<rt>ひっしゃ</rt></ruby>の<ruby>主張<rt>しゅちょう</rt></ruby>・<ruby>意図<rt>い と</rt></ruby>・メッセージがつかめる</td></tr>
<tr><td>できること 2</td><td>エッセイを読んで、<ruby>筆者<rt>ひっしゃ</rt></ruby>のメッセージがつかめる</td></tr>
</table>

		タスク<ruby>番号<rt>ばんごう</rt></ruby> ↓	<ruby>自分<rt>じぶん</rt></ruby>で わかった ↓	<ruby>授業<rt>じゅぎょう</rt></ruby>で わかった ↓
	評価してみよう！ (ひょうか)			

この<ruby>課<rt>か</rt></ruby>で<ruby>身<rt>み</rt></ruby>につけるスキル

	タスク番号	自分でわかった	授業でわかった
メタ・コンテンツをつかむ	【<ruby>全体<rt>ぜんたい</rt></ruby>1】	☐	☐
<ruby>意図<rt>い と</rt></ruby>をつかむ			
◉ <ruby>短所<rt>たんしょ</rt></ruby>をかくすほうがきらわれるという<ruby>意図<rt>い と</rt></ruby>は？	【<ruby>認知<rt>にん ち</rt></ruby>1】	☐	☐
◉ 「そうでないと」は、何を<ruby>指<rt>さ</rt></ruby>している？	【<ruby>認知<rt>にん ち</rt></ruby>2】	☐	☐
◉ 「<ruby>人間<rt>にんげん</rt></ruby>がその人らしく生きている」とは、どういうこと？	【<ruby>認知<rt>にん ち</rt></ruby>3】	☐	☐
◉ 「自分は、自分のようにしか生きられない」の<ruby>意図<rt>い と</rt></ruby>は？	【<ruby>認知<rt>にん ち</rt></ruby>4】	☐	☐
◉ 「自分が自分をよく見る」とは、どういうこと？	【<ruby>認知<rt>にん ち</rt></ruby>5】	☐	☐
<ruby>主張<rt>しゅちょう</rt></ruby>をつかむ			
◉ この<ruby>文章<rt>ぶんしょう</rt></ruby>を<ruby>通<rt>つう</rt></ruby>じて<ruby>筆者<rt>ひっしゃ</rt></ruby>の言いたいことは何？	【<ruby>認知<rt>にん ち</rt></ruby>6】	☐	☐

自分は自分だからよい

森 毅(著)

（『まちがったっていいじゃないか』（筑摩書房 1988）より一部改編）

自分のよさを見つけるのは、案外、難しい。 1

たいてい、①よいところといやなところは、重なっているものだ。②他人については、よいところが目だってうらやましくなる。ところが、自分については、いやなところが目についてかくしたくなる。けれども、かくすのは、よくない。実は、③いやなところは、見せるより、かくすほうが、もっと他人にきらわれる。 2

いやなところは、自分が思うほど、人からきらわれるものではない。いやなところも出してしまったほうがいい。④もし、きらわれても、いやな人だ、しかし、おもしろい人だ、と思われればいい。⑤そうでないと、一生、自分のいやなところを気にし続けることになる。いやなところが全然なければ他人に好かれる、というわけではない。いやなところがあるが気に入った、と言われるほうが、ずっと味があってよい。 3

人間というものは、もともと、それぞれの性格や才能や容姿を持っている。⑥それにはいいところと悪いところが重なりあって、他人から好かれたりきらわれたりしながらも、そのまま生きているのが、たいへんおもしろい、とぼくは考えている。⑦人間がその人らしく生きているのは、すべておもしろい。 4

⑧自分は、自分のようにしか生きられない。そして、本当にそのように生きているのは、おもしろい。他人よりもまず、⑨自分が自分をよく見ることができれば、自分にとっておもしろい。そして、本当に自分を楽しんでおもしろく生きている人は、他人が見てもおもしろい。そして、他人だって、⑩おもしろいのだから、きみを認めてくれるはずだ。 5

1. この文章のメタ・コンテンツは何ですか。＿＿＿に適当な言葉を書き、{　　}の中の適当
ぶんしょう　　　　　　　　　　　　　　　　　てきとう　ことば
なものを選びなさい。
えら

　　　自分の＿＿＿＿＿＿＿＿＿と＿＿＿＿＿＿＿＿＿をどう考えるかという

　　　{ a. 説明　　b. アドバイス　　c. 約束　　d. お願い }
　　　　　　せつめい　　　　　　　　　　　　　やくそく　　　ねが

2. 文章の種類は何ですか。
ぶんしょう　しゅるい

　　　a. 物語　　　b. 小説　　　c. エッセイ　　　d. 新聞記事
　　　　ものがたり　　　しょうせつ　　　　　　　　　　　きじ

■ 言 語 タ ス ク ■
げん　ご

＞ 2 段落
だんらく

1. 下線部①は、どのような意味ですか。
かせんぶ

　　　a.　長所が短所になったり、短所が長所になったりする。
　　　　　ちょうしょ　たんしょ
　　　b.　長所だけの人もいないし、短所だけの人もいない。
　　　c.　短所があると、長所があっても見えなくなる。
　　　d.　長所があると、短所があっても見えなくなる。

＞ 2 段落
だんらく

2. 下線部②について下の表にまとめなさい。
かせんぶ　　　　　　　　　　ひょう

	他人 たにん	自分
見え方	{ 長所・短所 } が目だつ ちょうしょ　たんしょ　め	{ 長所・短所 } が目につく
自分の気持ち	{ うらやましい・かくしたい }	{ うらやましい・かくしたい }

> **3段落**
> だんらく

3. 下線部④が読みやすくなるようにするには、どこに「 」をつけたらいいですか。
かせんぶ

a. 「もし、きらわれても、いやな人だ、しかし、おもしろい人だ」と思われればいい。

b. もし、きらわれても、「いやな人だ、しかし、おもしろい人だ」と思われればいい。

c. もし、きらわれても、いやな人だ、「しかし、おもしろい人だ」と思われればいい。

d. もし、きらわれても、いやな人だ、しかし、「おもしろい人だ」と思われればいい。

> **4段落**
> だんらく

4. 下線部⑥は、何を指しますか。
かせんぶ　　　　さ

> **5段落**
> だんらく

5. 下線部⑩は、誰が誰をおもしろいと感じるのですか。
かせんぶ　　だれ　だれ　　　　　　　　　　　かん

{ 自分 ・ 他人 } が { 自分 ・ 他人 } を おもしろいと感じる。
　　　　たにん

■ 認 知 タ ス ク ■
にん　ち

> **2段落**　　　　　　　　　　　　　　　　　　　　　　　🖾 意図をつかむ
> だんらく　　　　　　　　　　　　　　　　　　　　　　　　　　い　と

1. 下線部③で、筆者が言いたいことは何ですか。
かせんぶ　　ひっしゃ

a. 短所は、かくそうとすると、反対に目だつものだ。
たんしょ　　　　　　　　　　　　　はんたい　め

b. 短所は、かくさないで、そのまま見せたほうがいい。

c. 短所は見せてもかくしても、どちらにしてもきらわれる。

d. 他人にきらわれたくなかったら、短所をなおすしかない。
たにん

2. 下線部⑤は、何を指しますか。
　か せん ぶ　　　　　　　　　　　さ

    a.　いやなところを出してしまわないと

    b.　いやな人だと思われないと

    c.　おもしろい人だと思われないと

    d.　いやなところをかくさないと

3. 下線部⑦は、どういうことですか。テキストの言葉を使って説明しなさい。
　か せん ぶ　　　　　　　　　　　　　　　　　　　　こと ば　　　　せつめい

4. 下線部⑧の意味として、合わないものを選びなさい。
　か せん ぶ　　　　　　　あ　　　　　　えら

    a.　自分は自分らしく生きることしかできない。

    b.　自分は他人のように生きることはできない。
　　　　　　　た にん

    c.　自分が自分らしく生きることはむずかしい。

    d.　そのままの自分で生きる以外の方法はない。
　　　　　　　　　　　　　　　　　ほうほう

5. 下線部⑨は、どういうことですか。
　か せん ぶ

    a.　自分が自分らしく生きていることに目を向ける。
　　　　　　　　　　　　　　　　　　　　　　め　　む

    b.　自分の長所を自分できちんと認める。
　　　　　　ちょうしょ　　　　　　　みと

    c.　自分の姿を鏡でていねいに見る。
　　　　　　すがた　かがみ

    d.　自分の短所をよく知る。
　　　　　　たんしょ

6. 筆者の考えに一番近いものを選びなさい。
ひっしゃ　　　　　　　いちばん　　　　　　えら

a. よいところもいやなところも含めて自分なのだから、いやなところも出し、自
ふく
分らしく生きて自分がそれを楽しめば、他人からも認められる。
たにん　　　　みと

b. 他人を認めれば、自分も認めてもらえるので、他人のよいところも、いやなと
たにん　　みと
ころも受け止めて、その人らしさをおもしろいと思ったほうがいい。
う　と

c. 自分がおもしろい人生を送るのに他人がどう思うかは関係ないのだから、他人
じんせい　　　　　　　　　　　　　　　　かんけい
にどう思われるかは気にしないで、自分らしく生きたほうがいい。

d. 自分のいやなところをかくしても他人には見えているのだから、自分のいやな
ところをかくすよりも、よいところをアピールしたほうがいい。

エクササイズ ⑥

頭と × 言葉の

「前提」って何?

　私たちは、自分の判断や行動の理由を、いつも全部説明するわけではありません。当然だと思っていることはわざわざ言いません。このように、説明も意識もしないものが「前提」です。前提は、人の判断や行動の隠れた理由になります。

1. 外出中に、細井さんと太田さんは家の鍵をかけるのを忘れたことに気づきました。2人の判断・行動とその前提を考えて、表を埋めましょう。

	判断・行動	その前提は?
細井さん	「大変だ!　すぐに戻ろう。」	どろぼうは { よくある・めったにない }。
太田さん		どろぼうはめったにない。

2. Aさんはうっかりものです。次の会話から、Aさんの前提を考えてみましょう。

（1）＜面接の日に＞

　　A：しまった!　ネクタイ、準備するの、忘れてた!
　　B：コンビニなら近くにあるけど。
　　A：ほんと?　助かった。

　　➡ Aさんの前提：コンビニでネクタイは { 買える・買えない }。

（2）＜バーベキューのときに＞

　　A：しまった!　肉、買うの、忘れてた!
　　B：コンビニなら近くにあるけど。
　　A：う～ん、困ったな。

　　➡ Aさんの前提：コンビニで肉は { 買える・買えない }。

（3）＜コンビニのレジで＞

　　A　：しまった!　財布、持ってくるの、忘れた!
　　店員：…。
　　A　：友達を呼ぶので、ちょっと待ってください。近くにいますので。

　　➡ Aさんの前提：
　　　　友達はすぐにお金を { 持ってきてくれる・持ってきてくれない }。

第**12**課 希望のキャンプ
（だい）（か）
（きぼう）
ふくしまキッズ夏季林間学校
（かきりんかん）

読 む 前 に

1. 2011年3月11日に、日本で何が起きましたか。

2. 東日本大震災の津波による原子力発電所の事故で、福島県の人々
（ひがしにほんだいしんさい）（つなみ）（げんしりょくはつでんしょ）（じこ）（ふくしまけん）
の生活にどんな影響が出たと思いますか。
（せいかつ）（えいきょう）

学習目標	できること	1	生の文章を読んで、筆者の思い・意図がつかめる
	できること	2	ドキュメンタリーや新聞のコラムを読んで、筆者の意図がつかめる

この課で身につけるスキル	評価してみよう！	タスク番号 →	自分でわかった →	授業でわかった →
	🔊 メタ・コンテンツをつかむ	【全体1】	☐	☐
	🔊 論理をつかむ			
	⊙「このキャンプは…計画されました」の前提は？	【認知2】	☐	☐
	⊙ どうしても手伝いたいと思ったのは、なぜ？	【認知3】	☐	☐
	⊙ 子どもたちの「生きる喜び」のためには、何が必要？	【認知6】	☐	☐
	🔊 意図をつかむ			
	⊙「子どもでいる」とは、どんな意味？	【認知1】	☐	☐
	⊙「…解放させてあげたい」は、何からの解放？	【認知4】	☐	☐
	🔊 主張をつかむ			
	⊙ 生きていくために一番たいせつなものは何？	【認知5】	☐	☐
	🔊 情報を見つける			
	⊙ このキャンプに参加できるのは、どんな人？	【認知7】	☐	☐

希望のキャンプ
きぼう
ふくしまキッズ夏季林間学校
か き りんかん

田口ランディ（文）、福島の子どもを守ろうプログラム実行委員会（協力）
たぐち ぶん ふくしま まも じっこう い いんかい きょうりょく
（『希望のキャンプ　ふくしまキッズ夏季林間学校』汐文社 2011）
き ぼう か き りんかん ちょうぶんしゃ

文：田口ランディ
ぶん たぐち

協力：福島の子どもを守ろうプログラム実行委員会
きょうりょく ふくしま まも じっこう い いんかい

A

2011 年 3 月 11 日、福島県にある原子力発電所で事故が起きました。①あの
ふくしまけん げんしりょくはつでんしょ じこ
日から福島の子どもたちは、毎日放射能を気にしながら、外に出てあそぶことも
ふくしま ほうしゃのう
できないので室内ですごしています。
しつない
②このキャンプは、彼らにせめて夏休みは北海道であそんで、なんの心配もな
かれ ほっかいどう しんぱい
く子どもでいてもらいたい、と考えて計画されました。

B

はじけろ、いのち。

「福島の子どもたちを北海道の林間学校に招待しよう！」このプロジェクトを最
ふくしま ほっかいどう りんかん しょうたい さい
初に知ったとき、③わたしはどうしてもお手伝いしたいと思ったのです。④大自
しょ てつだ だいし
然のなかで子どもたちを解放させてあげたい、というのはもちろんだけれど、な
ぜん かいほう
により、たくさんの人と出会い、つながり、自分たちは一人じゃないと感じてほ
で あ かん
しかった。大人は子どもをけっして見捨てないと安心してほしかった。友達との
み す ともだち
絆をうんと深めてほしかったのです。これからの時代を生きていくために一番た
きずな ふか いちばん
いせつなのは、人と人が協力し、つながりあう力です。支え支えられて共に生き
きょうりょく ささ ささ とも
ているという実感です。
じっかん
いま、わたしたちの生きている世界は⑤なんでも計ろうとします。お金で計算し、
はか けいさん

安全を計り、能力に点数をつけようとします。でも、⑥生きている喜びは、けっ
して計ることができないのです。喜びはハーモニーであり、調和であり、かたち
はなく、心に生じるものだから。⑦心を育てなければ、喜びは満ちません。⑧生
きる喜びを子どもたちへ……。

作家　田口ランディ

C

ふくしまキッズ夏季林間学校について

○名　　　　前：ふくしまキッズ夏季林間学校

○開催期間：2011 年 7 月 25 日から 8 月 28 日

○参加人数：518 人

○募集対象：福島原発放射能に不安を抱え、計画に賛同する福島県在住の家庭の、

　　　　　　小学校 1 年生から中学校 3 年生までの子供(兄弟で参加の場合は幼

　　　　　　児も可、障害のある児童・生徒も可)

○実施地域：北海道大沼を中心に全道で受け入れ

○費　　　　用：3 万円(生活保護家庭・障害児童は無料)のみ、

　　　　　　その他は不要

○主　　　　催：福島の子どもを守ろうプログラム実行委員会

■全体把握■

> 📷 メタ・コンテンツをつかむ

1. A・B・Cの文章のメタ・コンテンツは何ですか。

 a. ふくしまキッズ夏季林間学校を計画した意図

 b. ふくしまキッズ夏季林間学校に参加した子どもたちの感想

 c. ふくしまキッズ夏季林間学校のスケジュール

 d. ふくしまキッズ夏季林間学校に対する筆者の思い

 e. ふくしまキッズ夏季林間学校の概要

 A _____ B _____ C _____

■言語タスク■

> A

1. 下線部①は、何日ですか。それは、何の日ですか。

 何日 ：_____

 何の日：_____

> A

2. 福島の子どもたちは、どうして、外であそばないで、室内ですごしていますか。

 a. 交通事故の危険があるから

 b. 公園などのあそぶ場所がないから

 c. 放射能を気にしているから

 d. 勉強しなければならないから

3. 下線部②の文について、（1）〜（3）の問いに答えなさい。

（1）「このキャンプ」の名前は何ですか。

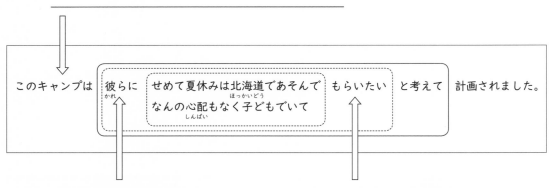

このキャンプは｜彼らに｜せめて夏休みは北海道であそんで なんの心配もなく子どもでいて｜もらいたい｜と考えて｜計画されました。

（2）「彼ら」は誰を指しますか。

    a.　福島の子どもたち
    b.　このキャンプを計画した人

（3）「もらいたい」は誰の気持ちですか。

    a.　福島の子どもたち
    b.　このキャンプを計画した人

4. 下線部③は、どのような意味ですか。

    a.　絶対にお手伝いしたい
    b.　なるべくお手伝いしたい
    c.　お手伝いの方法が知りたい
    d.　お手伝いする理由が知りたい

5.「大自然のなかで子どもたち……うんと深めてほしかったのです。」で、感じたり、安心したり、深めたりするのは誰ですか。また、これは誰の希望ですか。

＿＿＿＿＿＿＿＿＿＿＿＿が感じたり、安心したり、深めたりする

＿＿＿＿＿＿＿＿＿＿＿＿の希望

> B

6. 下線部⑤は、具体的にどのようなことですか。テキストの言葉を使って答えなさい。

_____こと

> B

7. 下線部⑥の理由は何ですか。

_____から

> C

8. 「ふくしまキッズ夏季林間学校」の説明として、適当なものを<u>すべて</u>選びなさい。

a. 福島県に住んでいる子どもだけが参加できる。

b. 参加者は全員、無料である。

c. 参加できるのは、小学生と中学生だけである。

d. 障害があっても参加できる。

e. 北海道大沼だけで受け入れている。

f. 子どもが行きたいと思えば、行ける。

g. 福島県の子どもたちが主催している。

■認 知 タ ス ク■

> A

🖼意図をつかむ

1. 下線部②「なんの心配もなく子どもでいてもらいたい」の「子どもでいる」とは、どのような意味ですか。適当なものを<u>すべて</u>選びなさい。

a. 色々なことを心配する必要がない。

b. 色々なことを気にしなければならない。

c. 外で自由にあそぶことができる。

d. 外に出てあそべないので、室内であそぶ。

e. 夏休みなど、長い休みには旅行に行く。

2. 下線部②には、どのような前提がありますか。
　　(かせんぶ)　　　　　　　　　　　(ぜんてい)

　　a.　福島の子どもたちは、いつもは色々心配して子どもでいることができない。
　　　　(ふくしま)　　　　　　　　　　　　(しんぱい)

　　b.　福島の子どもたちは、いつも心配することも少なく、子どもでいられる。

　　c.　この年代の子どもたちは、いつもは勉強が忙しくてあそぶことができない。
　　　　　(ねんだい)　　　　　　　　　　　　　　(いそが)

　　d.　いつもは福島の大人たちだけが北海道に行くことになっている。
　　　　　　　　　　　　　　　(ほっかいどう)

---

3. 下線部③の理由は、何ですか。適当なものをすべて選びなさい。
　　(かせんぶ)　　(りゆう)　　　　　　　(てきとう)　　　　(えら)

　　a.　子どもたちを大自然の中であそばせたいから
　　　　　　　　　(だいしぜん)

　　b.　子どもにお手伝いの大切さを伝えたかったから
　　　　　　　(てつだ)　　　　(った)

　　c.　子どもたちに人とつながりあう力をもってほしいから

　　d.　子どもたちに一人でも生きていける強さをもってほしいから

　　e.　子どもたちに色々なことを計る能力をもってほしいから
　　　　　　　　　　　　　(はか)(のうりょく)

　　f.　子どもたちに心を育ててほしいから
　　　　　　　　(そだ)

　　g.　子どもたちに生きる喜びを感じてほしいから
　　　　　　　　　(よろこ)　(かん)

　　h.　今の社会は喜べることが減っているから
　　　　　　　　　　　　　(へ)

---

4. 下線部④は、何からの解放ですか。
　　(かせんぶ)　　　　　(かいほう)

　　a.　知らない子どもと一緒にあそぶ不安
　　　　　　　　　　(いっしょ)　　(ふあん)

　　b.　自然の少ない都会の環境の悪さ
　　　　(しぜん)　　(とかい)(かんきょう)

　　c.　原子力発電所の事故による影響
　　　　(げんしりょくはつでんしょ)(じこ)　(えいきょう)

　　d.　きびしい受験勉強のストレス
　　　　　　　(じゅけん)

5. 筆者は、これからの時代を生きていくために一番たいせつなのは何だと言っていますか。
ひっしゃ　　　　　　　　　　　　　　　　　　　　　いちばん
テキストから2つ抜き出しなさい。
ぬ　だ

・＿＿＿＿＿＿＿＿＿＿＿＿＿＿＿＿＿＿＿＿＿＿＿＿＿＿＿

・＿＿＿＿＿＿＿＿＿＿＿＿＿＿＿＿＿＿＿＿＿＿＿＿＿＿＿

6. 下線部⑧のために何が必要ですか。
かせんぶ　　　　　　ひつよう

a. 子どもたちを大自然の中であそばせること
だいしぜん

b. 子どもたちに喜びを伝えること
よろこ　　つた

c. 子どもたちの能力を計ること
のうりょく　はか

d. 子どもたちの心を育てること
そだ

7. この中で「ふくしまキッズ夏季林間学校」に参加できるのは誰ですか。<u>すべて</u>選びなさい。
かきりんかん　　　　　さんか　　　　　だれ　　　　　　えら

Aさん：福島県に住んでいます。小学5年生です。耳が聞こえません。
ふくしまけん　　　　　しょうがく　ねんせい　　みみ

Bさん：福島県に住んでいます。幼稚園に通っています。小学生の姉が一緒に参加
ふくしまけん　　　　　ようちえん　　　　　　　　しょうがくせい　　　いっしょ
します。

Cさん：福島県に住んでいます。幼稚園に通っています。一人っ子です。
ひとり　こ

Dさん：祖母の家が福島県にありますが、北海道に住んでいます。小学2年生です。
そぼ　　　　　　　　　　　　ほっかいどう

Eさん：福島県に住んでいます。中学3年生です。親は反対していますが、参加
ちゅうがく　　　　おや　はんたい
したいです。

第13課 1の励ましが…

読 む 前 に

1. つらいことや悩みがあるとき、何かがきっかけで、心が軽くなった経験がありますか。

2. 悩みや苦しみをかかえている人には、何が励ましになると思いますか。

なや　　　　　　　　　　　　　　　　　　　　　　　　　　　かる

学<ruby>習<rt>がく</rt></ruby><ruby>目<rt>しゅう</rt></ruby><ruby>標<rt>もく</rt></ruby><ruby><rt>ひょう</rt></ruby>			

学習目標

できること	1	生の文章を読んで、筆者の思い・意図がつかめる

できること	2	ドキュメンタリーや新聞のコラムを読んで、筆者の意図がつかめる

この課で身につけるスキル

評価してみよう！

	タスク番号	自分でわかった	授業でわかった
🏔 **メタ・コンテンツをつかむ**	【全体1】	☐	☐
🏔 **意図をつかむ**			
⦿ 「そういう経験」は、どんな経験？	【認知1】	☐	☐
⦿ 「1の励まし」と「100の重荷」に当たるものは？	【認知2】	☐	☐
⦿ 「陽ざし」は、どのような意味？	【認知3】	☐	☐
🏔 **主張をつかむ**			
⦿ この文章を通じて筆者の言いたいことは何？	【認知4】	☐	☐
🏔 **比べる**			
⦿ この文章で事実・伝聞・推測・意見に当たるものは？	【認知5】	☐	☐

1の励ましが…
はげ

『読売新聞』2012年9月12日朝刊「編集手帳」
よみうりしんぶん　　　　　　　　　　　　　　ちょうかん　へんしゅうてちょう

ベランダの鉢植えが花をつけただけで、あるいはわが子の寝顔を見つめただけで、　　1

悩みがふと軽くなる。①そういう経験は誰にもあるだろう。②心の算数は、いつ

も不思議である。10の重荷を支えるには10の助けが必要かといえば、そうとも

限らない。たった1の励ましが100の重荷を軽くしてくれることもある◆詩人　　2

の伊藤桂一さんに『微風』という詩がある。＜③掌にうける／早春の／陽ざしほ

どの生甲斐でも／ひとは生きられる…＞◆岩手県陸前高田市の高田松原で、津波　　3

から唯一残った「奇跡の一本松」も被災者の陽ざしであったろう◆家族を亡くし　　4

た絶望のなかで、④この一本松の姿に生きる心を暖めた人もいたはずである。被

災者を慰め、励まし、ついに枯死した一本松は、きょう、保存作業のために切断

されるという◆大震災から1年半がすぎた。あのとき、英国のある新聞は1面　　5

全面に「日の丸」のイラストを掲げ、日本語で＜がんばれ、日本。がんばれ、東

北＞と書いてくれた。アフリカの子供たちは日本語で唱歌『故郷』を歌ってくれ

た。そして一本松は…凍える掌にうけた⑤陽ざしの数々を思い出す。

📖 メタ・コンテンツをつかむ

1. この文章のメタ・コンテンツは何ですか。{ 　 }の中の適当なものを選びなさい。
　　　ぶんしょう　　　　　　　　　　　　　　　　　　　　　　　　　てきとう　　　　　えら

　　　大震災の被災者への多くの{ a. 励まし　　b. 援助活動　　c. 募金 }をふりかえり、
　　　だいしんさい　ひ さいしゃ　　　　　　　　 a. はげ　　　　b. えんじょかつどう　　c. ぼ きん

　　　{ a. 希望　　b. 感謝　　c. 疑問 }を伝える文章
　　　　　 き ぼう　　 かんしゃ　　ぎ もん　 つた

2. 文章の種類は何ですか。
　　　ぶんしょう　しゅるい

　　　a. 新聞のコラム　　　b. 特集記事　　　c. 広告　　　d. 詩
　　　　 しんぶん　　　　　　 とくしゅうき じ　　　 こうこく　　　 し

＞1 段落
　　だんらく

1. 下線部②は、テキストのどの部分を指しますか。最初と最後の5文字を書きなさい(句
　　か せんぶ　　　　　　　　　　　　 ぶ ぶん　さ　　　 さいしょ さいご もじ　　　　　　　　　く
　　読点を除く)。
　　とうてん のぞ

						～						

＞2 段落
　　だんらく

2. 下線部③は、どのくらいですか。
　　か せんぶ

　　a. 非常に強い
　　　 ひ じょう

　　b. まあまあ普通の
　　　　　　　 ふ つう

　　c. 小さくて弱い
　　　　　　　 よわ

　　d. 全くない
　　　 まった

> 4 段落

3. 下線部④は、どのような意味ですか。

    a. 一本松を見て、生きる希望を感じた人がいたかもしれない。

    b. 一本松を見て、生きる希望を感じた人がきっといるだろう。

    c. 一本松を見て、枯れないでほしいと思った人もいるだろう。

    d. 一本松が生き残っているのを見て、喜んだ人もいるだろう。

> 3〜4 段落

4. テキストの内容と合うものに○、合わないものに×をつけなさい。

    a. （　　　　）高田松原の松は、津波でぜんぶ枯れてしまった。

    b. （　　　　）一本松は津波のあと、一本だけ生き残っていた。

    c. （　　　　）一本松は津波のあと、すぐに枯れてしまった。

    d. （　　　　）一本松は津波のあと、しばらくしてから枯れた。

    e. （　　　　）一本松は津波のあと、枯れる前に切られた。

■ 認 知 タ ス ク ■

> 1 段落

 意図をつかむ

1. 下線部①は、どのような経験ですか。

    a. ベランダの鉢植えが花をつけたという経験

    b. わが子の寝顔を見つめた経験

    c. 問題が解決して、悩みが軽くなった経験

    d. 小さなことで悩みが軽くなった経験

2.「奇跡の一本松」「英国の新聞」「アフリカの子供たち」のエピソードで、「1の励まし」と「100の重荷」に当たるものは、それぞれ何ですか。表を埋めなさい。

	奇跡の一本松	英国の新聞	アフリカの子供たち
1の励まし			
100の重荷			

3. 下線部⑤は、ここではどのようなことを指しますか。

a. 大震災のあとで世界各国から寄せられたたくさんの励まし

b. 津波のあと、一本松に降り注いだ実際の太陽の光

c. 仕事で疲れて夜遅く帰ったときに見る子どもの寝顔

d. 悩みをかかえているときに見るベランダの鉢植え

4. この文章で筆者が一番言いたいことは何ですか。

a. 大震災のときには、食べ物や毛布などの品物より、メッセージや歌のような励ましが必要だ。

b. 大震災のあと、被災者を慰め、励ました「奇跡の一本松」が切られてしまうのはとても残念だ。

c. ささやかな励ましで人は救われることがあるから、大震災で各地から届いた励ましに感謝したい。

d. ささやかな励ましはうれしいが、それだけでは、大震災で家族を亡くした絶望は慰められない。

5. 下の文を、「事実」「伝聞」「推測」「意見」に分け、A〜Jの記号で答えなさい。

事実… できごとなど、筆者の考えを含まない客観的な情報
じじつ　　　　　　　　　　　　　ひっしゃ　　ふく　　　　きゃっかんてき　じょうほう

　　　　⇒（　　　　　　　　）

伝聞… 筆者が直接確かめたのではなく、人から聞いたり読んだりしたこと
でんぶん　　　　　　ちょくせつたし

　　　　⇒（　　　　　　　　）

推測… 事実や伝聞にもとづいて、筆者が「○○だろう」と考えたこと
すいそく

　　　　⇒（　　　　　　　　）

意見… 事実や伝聞や推測にもとづいた、筆者自身の考えや主張
いけん　　　　　　　　　　　　　　　　　　　　　　　じしん　　　　　しゅちょう

　　　　⇒（　　　　　　　）

A)　心の算数は、いつも不思議である。
　　　　さんすう　　　　　　ふしぎ

B)　10の重荷を支えるには10の助けが必要…とも限らない。
　　　　おもに　ささ　　　　　　たす　ひつよう　　　かぎ

C)　たった1の励ましが100の重荷を軽くしてくれることもある。
　　　　　　　はげ　　　　　　　　　かる

D)　詩人の伊藤桂一さんに『微風』という詩がある。
　　　しじん　いとうけいいち　　　びふう

E)　…「奇跡の一本松」も被災者の陽ざしであったろう。
　　　きせき　いっぽんまつ　ひさいしゃ　ひ

F)　…一本松の姿に生きる心を暖めた人もいたはずである。
　　　　　　すがた　　　　　　あたた

G)　…一本松は、きょう、…切断されるという。
　　　　　　　　　　　　　せつだん

H)　大震災から1年半がすぎた。
　　だいしんさい

I)　あのとき、英国のある新聞は…書いてくれた。
　　　　　　えいこく

J)　アフリカの子供たちは…歌ってくれた。
　　　　　　こども

▶▶▶ 読んでみよう！

「1の励ましが…」の話の中に出てきた「奇跡の一本松」について、陸前高田市のホームページに解説があります。読んでみましょう。

高田松原と奇跡の一本松

陸前高田市民が愛した高田松原、そして奇跡の一本松について紹介します。

■高田松原

白砂青松の高田松原は、市民はもとより県内外の来訪者から四季を通して愛される場所でした。約350年前から先人たちが植林を行い、市民の手で守り育ててきた高田松原。その美しさを多くの詩人が詠み、昭和15年には国の名勝に、昭和39年には陸中海岸国立公園に指定されました。夏には海水浴客でにぎわい、松に囲まれた遊歩道は市民の憩いの場所でした。また、多くの動物や希少植物が存在し、多様な生態系が育まれていました。高田松原は、まさに陸前高田市の象徴とも言える存在でした。

白砂青松の名勝 高田松原

海水浴の風景

■奇跡の一本松

平成23年3月11日、陸前高田市を地震と大津波が襲いました。死者、行方不明者は2,000人近くにのぼり、市街地や海沿いの集落は壊滅しまし

た。過去の度重なる津波から高田のまちを守ってきた、約7万本と言われる

高田松原もほとんどが流されてしまいましたが、その中で唯一耐え残ったの

が「奇跡の一本松」です。

津波に耐えて奇跡的に残った一本松でしたが、海水により深刻なダメージを

受け、平成24年5月に枯死が確認されました。しかし、震災直後から、市

民のみならず全世界の人々に復興のシンボルとして親しまれてきた一本松を、

今後も後世に受け継いでいくために、陸前高田市ではモニュメントとして保

存整備することといたしました。それが「奇跡の一本松保存プロジェクト」

です。

唯一残った「奇跡の一本松」

陸前高田市ホームページ「高田松原と奇跡の一本松」
(http://www.city.rikuzentakata.iwate.jp/kategorie/fukkou/ipponmatu/takata-ipponmatu/takataipponmatu.html)
写真提供：陸前高田市

第**14**課 天を恨まず
だい　　か　　てん　　うら

1. あなたが卒業した学校には、卒業式がありましたか。そのとき、
そつぎょう　　　　　　　　　　　　　　　　　　　　　そつぎょうしき
誰がどのようなスピーチをしましたか。
だれ

2. 「送辞」と「答辞」は、それぞれ、どのような意味ですか。
そう　じ　　　　とう　じ

119

<table>
<tr>
<td rowspan="2">学^{がく}習^{しゅう}目^{もく}標^{ひょう}</td>
<td>できること 1</td>
<td>生の文章を読んで、筆者の思い・意図がつかめる
なま　ぶんしょう　　　　　　　　　　ひっしゃ　おも　　　い　と</td>
</tr>
<tr>
<td>できること 2</td>
<td>あいさつを読んで、筆者の思いがつかめる
ひっしゃ　おも</td>
</tr>
</table>

		評価してみよう！ ひょうか	タスク 番号 ばんごう	自分で わかった	授業で わかった じゅぎょう

<table>
<tr>
<td rowspan="11">こ の 課^か で 身^み に つ け る ス キ ル</td>
<td colspan="2">メタ・コンテンツをつかむ</td>
<td>【全体1】
ぜんたい</td>
<td>☐</td>
<td>☐</td>
</tr>
<tr>
<td colspan="2">意図をつかむ
いと</td>
<td></td>
<td></td>
<td></td>
</tr>
<tr>
<td>◉</td>
<td>感謝と決意を表している段落は、どれ？
かんしゃ　けつい　あらわ　　　　　だんらく</td>
<td>【認知4】
にんち</td>
<td>☐</td>
<td>☐</td>
</tr>
<tr>
<td colspan="2">主張をつかむ
しゅちょう</td>
<td></td>
<td></td>
<td></td>
</tr>
<tr>
<td>◉</td>
<td>「時計の針は…流れています」で伝えたいことは？
はり　なが　　　　　　　　つた</td>
<td>【認知3】
にんち</td>
<td>☐</td>
<td>☐</td>
</tr>
<tr>
<td colspan="2">情報を見つける
じょうほう</td>
<td></td>
<td></td>
<td></td>
</tr>
<tr>
<td>◉</td>
<td>卒業式の予定と実際に行われた日は、いつ？
そつぎょうしき　よてい　じっさい　おこな</td>
<td>【認知1】
にんち</td>
<td>☐</td>
<td>☐</td>
</tr>
<tr>
<td>◉</td>
<td>卒業式の日が変わった理由は？
そつぎょうしき　か　　りゆう</td>
<td>【認知2】
にんち</td>
<td>☐</td>
<td>☐</td>
</tr>
<tr>
<td colspan="2">比べる
くら</td>
<td></td>
<td></td>
<td></td>
</tr>
<tr>
<td>◉</td>
<td>震災前後の出来事と気持ちを整理すると？
しんさいぜんご　できごと　　　　　　せいり</td>
<td>【認知5】
にんち</td>
<td>☐</td>
<td>☐</td>
</tr>
</table>

天を恨まず

梶原裕太（著）

（東日本大震災直後の階上中学校　卒業式答辞、『文部科学白書 2010』より）

①本日は未曾有の大震災の傷も癒えないさなか、私たちのために②卒業式を挙行していただき、ありがとうございます。

ちょうど③10日前の3月12日。春を思わせる暖かな日でした。

私たちは、そのキラキラ光る日差しの中を、希望に胸を膨らませ、通い慣れたこの学舎を、④57名揃って巣立つはずでした。

⑤前日の11日。一足早く渡された思い出のたくさん詰まったアルバムを開き、十数時間後の卒業式に思いを馳せた友もいたことでしょう。「東日本大震災」と名付けられる天変地異が起こるとも知らずに…。

⑥階上中学校といえば「防災教育」といわれ、内外から高く評価され、十分な訓練もしていた私たちでした。しかし、自然の猛威の前には、人間の力はあまりにも無力で、私たちから⑦大切なものを容赦なく奪っていきました。天が与えた試練というには、むごすぎるものでした。つらくて、悔しくてたまりません。

⑧時計の針は14時46分を指したままです。でも時は確実に流れています。⑨生かされた者として、顔を上げ、常に思いやりの心を持ち、強く、正しく、たくましく生きていかなければなりません。

命の重さを知るには大きすぎる代償でした。しかし、苦境にあっても、天を恨まず、運命に耐え、助け合って生きていくことが、これからの私たちの使命です。

私たちは今、それぞれの新しい人生の一歩を踏み出します。どこにいても、何をしていようとも、この地で、仲間と共有した時を忘れず、宝物として生きていきます。

後輩の皆さん、階上中学校で過ごす「あたりまえ」に思える日々や友達が、いかに貴重なものかを考え、いとおしんで過ごしてください。先生方、親身のご指

1
2
3
4
5
6
7
8
9

導、ありがとうございました。先生方が、いかに私たちを思ってくださっていたか、今になってよく分かります。地域の皆さん、これまで様々なご支援をいただき、ありがとうございました。これからもよろしくお願いいたします。

10　お父さん、お母さん、家族の皆さん、これから私たちが歩んでいく姿を見守っていてください。必ず、よき社会人になります。

11　私は、この階上中学校の生徒でいられたことを誇りに思います。

12　最後に、本当に、本当に、ありがとうございました。

13
　　　　　　　　　　　　　　　　　　　平成 23 年 3 月 22 日
　　　　　　　　　　　　　　　　　　　第 64 回卒業生代表
　　　　　　　　　　　　　　　　　　　　　　　梶原　裕太

■全体把握■
ぜんたいはあく

1. この文章のメタ・コンテンツは何ですか。{　}の中の適当なものを選びなさい。
ぶんしょう　　　　　　　　　　　　　　　　　　　　てきとう　　　　　えら

　東日本大震災の{ a. 直前　b. 直後　c. 1年後 }に中学校の{ a. 入学式　b. 始業式
ひがしにほんだいしんさい　ちょくぜん　　ちょくご　　　ご　　　　　　　　　　にゅうがくしき　　しぎょうしき
c. 卒業式 }で{ a. 校長　b. 生徒代表　c. PTA会長 }が述べた{ a. 感謝と決意
そつぎょうしき　　こうちょう　　せいとだいひょう　　かいちょう　の　　　かんしゃ けつい
b. お祝い　c. 励まし }のメッセージ
いわ　　　はげ

2. この答辞で、筆者は誰にメッセージを送っていますか。すべて書きなさい。
とうじ　ひっしゃ だれ

■言語タスク■
げんご

だんらく

1. 下線部①は、いつですか。
かせんぶ

　　平成＿＿＿＿年＿＿＿＿月＿＿＿＿日
　　へいせい

だんらく

2. 下線部③「10日前の3月12日」と下線部⑤「前日の11日」は、それぞれ、いつで
かせんぶ　　　　　　　　ぜんじつ
すか。また、それは何の日でしたか。当てはまるものをすべて選びなさい。
あ　　　　　　　　えら

	いつ	何の日
「10日前の3月12日」		
「前日の11日」		

いつ

a. 3月12日の10日前（＝3月2日）
b. 3月11日の前日（＝3月10日）
c. 3月12日の前日（＝3月11日）
d. 今日（＝3月22日）から10日前（＝3月12日）
e. 昨日（＝3月21日）
きのう

何の日

ア. 震災が起こった日
しんさい　お
イ. 卒業式が行われた日
そつぎょうしき　おこな
ウ. 卒業アルバムが渡された日
わた
エ. 卒業式が行われるはずだった日

3. 下線部④は、どのような意味ですか。
_{か せん ぶ}

    a. 57 名全員が卒業式に参加する予定で、全員が参加できた。
_{めいぜんいん}　_{そつぎょうしき}　_{さん か}　_{よ てい}

    b. 57 名全員が卒業式に参加する予定だったが、誰も参加できなかった。
_{だれ}

    c. 57 名全員が卒業式に参加する予定だったが、参加できなかった人がいる。

    d. 57 名全員が卒業式に参加する必要があったが、参加したくない人がいた。
_{ひつよう}

4. 下線部⑥は、どのような意味ですか。
_{か せん ぶ}

    a. 階上中学校には防災教育がもっと必要だ。
_{はしかみちゅうがっこう}　_{ぼうさいきょういく}　_{ひつよう}

    b. 階上中学校は防災教育でよく知られている。

    c. 階上中学校では防災教育のやり方を知らない。

    d. 階上中学校で防災教育をしないと思われている。

5. 下線部⑦は、何が「大切なものを容赦なく奪って」いきましたか。
_{か せん ぶ}　　　　　　　　　　　　　_{ようしゃ}　_{うば}

_____

6. 下線部⑨は、どのような意味ですか。
_{か せん ぶ}

    a. 生き残ることができた者
_い　_{のこ}　　　　　　_{もの}

    b. 天が生きることを命じた者
_{てん}　　　　　　_{めい}

    c. 生きることを自分で選んだ者
_{えら}

    d. 生きたくなかったのに生き残った者

14

＞6〜7段落

7. 下線部⑨「生かされた者」として、筆者はどのように生きていくべきだと考えていますか。

_____生きていく

_____生きていく

■認知タスク■

＞1段落

[情報を見つける]

1. 下線部②は、いつ行われる予定でしたか。また、実際に行われたのはいつですか。

　　予定　　　　　　　　_____月_____日

　　実際に行われた日　　　_____月_____日

＞1〜4段落

[情報を見つける]

2. 下線部②は、なぜ日が変わりましたか。

_____から

＞6段落

[主張をつかむ]

3. 下線部⑧で、筆者が伝えたいことは何ですか。

　　a.　震災のあと、時が止まったように感じるのは当然だ。
　　b.　どんなに時間が経っても、震災のことを忘れてはならない。
　　c.　震災の悲しみを乗り越えて、前に進まなければならない。
　　d.　つらい震災が起こった日のことは、早く忘れたほうがいい。

4. この答辞で、次の内容を伝えているのは、どの段落ですか。段落番号を書きなさい。
とうじ　　つぎ　ないよう　つた　　　　　　　　　　　　だんらく　　　　だんらくばんごう

お世話になった人への感謝　　（　　　　　　　　　）
せ わ　　　　　　ひと　　かんしゃ

これからの人生に対する決意　　（　　　　　　　　　）
じんせい　たい　けつい

5. 下の A〜J は、いつのことですか。明るい面と暗い面に分けて、表に書きなさい。
した　　　　　　　　　　　　　あか　　　めん　くら　　　わ　　　　ひょう

	震災前 しんさいまえ	震災直後 ちょくご	現在 げんざい
明るい			
暗い			

A）　卒業式が挙行された。
　　そつぎょうしき　きょこう

B）　思い出の詰まった卒業アルバムを開き、翌日の卒業式に思いを馳せた。
　　おも で　つ　　　　　　　　　　　ひら　　よくじつ　　　　　　おも　は

C）　防災教育が高く評価され、十分な訓練もしていた。
　　ぼうさいきょういく　たか　ひょうか　　じゅうぶん　くんれん

D）　自然の猛威の前には、人間の力は無力だった。
　　しぜん　もうい　まえ　　　にんげん　ちから　むりょく

E）　震災は私たちから大切なものを容赦なく奪っていった。
　　しんさい　わたし　　　　たいせつ　　　　ようしゃ　　うば

F）　つらくて、悔しくてたまらない。
　　　　　　くや

G）　それぞれの新しい人生の一歩を踏み出す。
　　　　　　あたら　じんせい　いっぽ　ふ だ

H）　先生方が親身の指導をしてくれた。
　　せんせいがた　しんみ　しどう

I）　地域の皆さんに、様々な支援をいただいた。
　　ちいき　みな　　　　さまざま　しえん

J）　階上中学校の生徒でいられたことを誇りに思う。
　　はしかみちゅうがっこう　せいと　　　　　　　　ほこ　　おも

■ 出 典 ■

ブルーガイド（編）2011「危険生物」『今日から始める山歩き ―これだけは知っておきたい初心者のための安心マニュアル』有楽出版社

内田樹（著）2008「街場の教育論」ミシマ社

吉永賢一（著）2008「慣れる④　人に教える」『東大家庭教師が教える　頭が良くなる勉強法』中経出版

今井むつみ（著）2010「擬態語の楽しさ、奥深さ」大津由紀雄（編）『ことばの宇宙への旅立ち3 ―10代からの言語学』ひつじ書房

村上龍・はまのゆか（著）2010「はじめに」『新 13歳のハローワーク』幻冬舎

本川達雄（著）2015「間違いだらけの職業選び」桐光学園＋ちくまプリマー新書編集部（編）『何のために「学ぶ」のか　〈中学生からの大学講義〉1』筑摩書房

田口ランディ（文）、福島の子どもを守ろうプログラム実行委員会（協力）2011『希望のキャンプ　ふくしまキッズ夏季林間学校』汐文社

読売新聞　2012年9月12日朝刊　編集手帳

陸前高田市「高田松原と奇跡の一本松」＜ http://www.city.rikuzentakata.iwate.jp/kategorie/fukkou/ipponmatu/takata-ipponmatu/takataipponmatu.html ＞（最終閲覧日 2020年3月18日）

梶原裕太（著）2011「卒業生代表の言葉」『文部科学白書 2010』p.9 ＜ https://www.mext.go.jp/b_menu/hakusho/html/hpab201001/1311678_003.pdf ＞（最終閲覧日 2020年3月18日）

森毅（著）1988「自分は自分だからよい」『まちがったっていいじゃないか』筑摩書房

■ 監修者・編著者紹介 ■

監修者： コミュニカ学院学院長
　　　　　奥田純子（おくだ　じゅんこ）

編著者： コミュニカ学院 学習リソース開発チーム
　　　　　竹田悦子（たけだ　えつこ）
　　　　　久次優子（ひさつぎ　ゆうこ）
　　　　　丸山友子（まるやま　ともこ）
　　　　　矢田まり子（やだ　まりこ）
　　　　　内田さつき（うちだ　さつき）
　　　　　（コミュニカ学院ウェブサイト　URL: https://www.communica-institute.org）

協　力：　渡邊祥子（わたなべ　よしこ）［第 8 課］
　　　　　播本知尋（はりもと　ちひろ）［試行版制作］

■ 語彙翻訳
英　語：Andrew Kaz
中国語（簡体字）：于維強
中国語（繁体字）：林爱里、周文慈
韓国語：丁娟淑
ベトナム語：Trần Công Danh

■ 装丁
折原カズヒロ

■ イラスト
竹田海十里
イラスト AC

読む力 WEB サイト
yomuchikara.jimdo.com
「この本の使い方」＆「語彙リスト」
英語・中国語（簡体字・繁体字）・
韓国語・ベトナム語翻訳

読む力　初中級
（よ　ちから　しょちゅうきゅう）

2020年　4月30日　　第1刷 発行
2024年 10月11日　　第2刷 発行

［監修］　　奥田 純子
　　　　　　（おくだじゅんこ）

［編著］　　竹田悦子・久次優子・丸山友子
　　　　　　（たけだえつこ　ひさつぎゆうこ　まるやまともこ）
　　　　　　矢田まり子・内田さつき
　　　　　　（やだ　こ　うちだ）

［発行人］　岡野秀夫

［発行所］　株式会社 くろしお出版
　　　　　　〒 102-0084　　東京都千代田区二番町 4-3
　　　　　　Tel：03・6261・2867　　Fax：03・6261・2879
　　　　　　URL：https://www.9640.jp　Mail：kurosio@9640.jp

［印刷］　　シナノ書籍印刷

『読む力』初中級
しょちゅうきゅう

スキル一覧表

各課の学習を終えたら、身についたスキルを自己評価し、チェック✓しましょう。

チェックの方法は自由です。「自分でわかった」スキルと「授業でわかった」スキルを別の印にする、など工夫してください。

得意なスキル、苦手なスキル（あなたに必要なスキル）を把握して、スキル向上に役立てましょう。

学習目標		第1課	第2課	第3課	第4課	第5課	第6課
	できること①	易しい文章を読んで、論理・意図・要点や、筆者の提案・アドバイスがつかめる					
	できること②	祝辞やエッセイを読んで、論理や意図がつかめる		実用書やエッセイの一節を読んで、情報を比べ、要点がつかめる		スピーチ原稿やエッセイを読んで、筆者の提案・アドバイスがつかめる	
各課詳細	課	第1課	第2課	第3課	第4課	第5課	第6課
	タイトル	日本語で世界の友をつくる	勇気を出して	山道でクマに出合ったら	面接は何で決まる？	「とりあえず」の力	異文化適応プロセス
	テーマ	コミュニケーションの種類	積極的なコミュニケーション	山歩きの注意	面接の合否の基準	前向きな態度	異文化適応
	種類・ジャンル	あいさつ（入学式の祝辞）	エッセイ（日本語学習者の作文）	ガイドブックの一節	エッセイ（就職分野）	スピーチ原稿（日本語学習者の作文）	エッセイ（日本語学習者の作文）
	テキスト種別	書き下ろし	書き下ろし	生の文章（リライト）	書き下ろし	書き下ろし	書き下ろし
	タスク	2種類のコミュニケーションの違いをつかむ	コミュニケーションの態度についての提案をつかむ	野生生物に出合ったときの注意点をつかむ	面接の合否を決める基準をつかむ	「とりあえず」の意味と筆者の提案をつかむ	留学経験にもとづく筆者のアドバイスをつかむ
身につけるスキル	メタ・コンテンツをつかむ		☐	☐	☐	☐	☐
	論理をつかむ		☐			☐	
	意図をつかむ	☐	☐	☐	☐	☐	☐
	主張をつかむ						☐
	情報を見つける			☐	☐		☐
	比べる	☐		☐	☐		☐
	何の例かをつかむ			☐			☐

リライトされた易しめの文章を読んで、要点や筆者の主張・意図・メッセージがつかめる					生の文章を読んで、筆者の思い・意図がつかめる		
実用書や教養書の一節を読んで、要点や筆者の意図がつかめる	2つのエッセイを読んで比べ、それぞれの筆者の主張がつかめる	エッセイを読んで、筆者のメッセージがつかめる	ドキュメンタリーや新聞のコラムを読んで、筆者の意図がつかめる	あいさつを読んで、筆者の思いがつかめる			
第7課	第8課	第9課	第10課	第11課	第12課	第13課	第14課
頭が良くなる勉強法	擬態語の楽しさ、奥深さ	13歳のハローワーク	間違いだらけの職業選び	自分は自分だからよい	希望のキャンプ	1の励ましが…	天を恨まず
勉強法	擬態語	職業選びの基準	職業選びの基準	生き方と個性	福島の子どもキャンプ	奇跡の一本松と震災後の励まし	震災直後の卒業式
教育分野の実用書の一節	言語学分野の教養書の一節	エッセイ（就職分野の実用書のまえがき）	エッセイ（教育分野の新書の一節）	エッセイ（若者向けの新書の一節）	ドキュメンタリーの一節（まえがき）	新聞コラム	あいさつ（卒業式の答辞）
生の文章（リライト）	生の文章（リライト）	生の文章（リライト）	生の文章（リライト）	生の文章（リライト）	生の文章	生の文章	生の文章
人に教えることの良い点をつかむ	擬態語の特徴と魅力をつかむ	職業選びに関する筆者の提案をつかむ	職業選びに関する筆者の提案をつかむ	生き方に関する筆者のメッセージをつかむ	キャンプを計画した意図をつかむ	世界中からの励ましへの感謝の気持ちをつかむ	卒業にあたっての筆者の思いをつかむ
☐	☐	☐	☐	☐	☐	☐	☐
☐	☐	☐			☐		
☐	☐	☐	☐	☐	☐	☐	☐
☐	☐	☐	☐	☐	☐		
☐			☐		☐		
		☐	☐				☐
		☐	☐				

3

語彙リスト

[凡例]

1＝日本語能力試験のN1レベル相当の語彙、**2/3**＝N2・N3レベル相当、**4**＝N4レベル相当、
5＝N5レベル相当

（＊新試験のN1はおよそ旧試験の1級に、N2・N3は2級に、N4は3級に、N5は4級に相当します。）

外＝日本語能力試験の級外の語彙

....

○日本語能力試験N4、N5レベル相当の語彙は漢字の読みが難しいものだけ載せています。

○2語以上のフレーズで載せているものは、レベルが書かれていません。
　　例：目を合わせる

○複合語の2つの語のレベルが違う場合は、上のレベルが書かれています。
　　例：吐き出す⇒2/3
　　　　吐く⇒N2・N3、出す⇒N4

Translation

語彙リスト：　English
　　　　　　中文（简体）
　　　　　　中文（繁體）
　　　　　　한국어
　　　　　　Tiếng Việt

	ことば	読み方	級
■ 出典でよく使われることば			
	著	ちょ	2/3
	編	へん	2/3
	一部改編	いちぶ－かいへん	外
■ タスクでよく使われることば			
全1	文章	ぶんしょう	5
	適当な	てきとうな	4
	選ぶ	えらぶ	4
全2	種類	しゅるい	2/3
	エッセイ		外
	小説	しょうせつ	4
	物語	ものがたり	2/3
	実用書	じつよう－しょ	1
	教養書	きょうよう－しょ	1
	専門書	せんもん－しょ	1
	論文	ろんぶん	2/3
	新聞記事	しんぶん－きじ	2/3
	投書	とうしょ	2/3
	コラム		外
	特集記事	とくしゅう－きじ	1
	広告	こうこく	2/3
	書評	しょひょう	1
	一節	いっせつ	外
	目次	もくじ	2/3
	序文	じょぶん	外
	感想	かんそう	2/3
言・認	段落	だんらく	外
	下線部	かせん－ぶ	2/3

	ことば	読み方	級
認	筆者	ひっしゃ	2/3
	筆者自身	ひっしゃ－じしん	2/3
	主張	しゅちょう	2/3
	意図	いと	1
	理由	りゆう	4
	伝える	つたえる	4
	感じる	かんじる	2/3
	目的	もくてき	2/3
	前提	ぜんてい	1
	条件	じょうけん	2/3
	内容	ないよう	2/3
	すべて［全て］		2/3
	例	れい	2/3
	具体例	ぐたい－れい	2/3
	具体的に	ぐたい－てきに	2/3
	指す	さす	2/3
	表す	あらわす	2/3
	まとめる		2/3
	当たる	あたる	2/3
	問い	とい	2/3
	テキスト		外
	～文字	～もじ	2/3
	抜き出す［抜く＋出す］	ぬきだす	2/3
	句読点を除く	くとうてんを　のぞく	
	文	ぶん	2/3
	図	ず	2/3
	表	ひょう	2/3
	完成する	かんせい－する	2/3
	埋める	うめる	2/3
	空欄	くうらん	外

※夕 ：タイトル　　　前 ：読む前に　　　段1：テキストの1段落
全1：全体把握の問題1　言1：言語タスクの問題1　認1：認知タスクの問題1
読 ：読んでみよう！　対1：対比型タスクの問題1　問1：頭と言葉のエクササイズの問題1

	ことば	読み方	級
■ 頭と言葉のエクササイズ①			
	具体	ぐたい	2/3
	抽象	ちゅうしょう	2/3
	～度	～ど	2/3
	アカデミックな		外
	読み [＜読む]	よみ	2/3
	役立つ	やくだつ	2/3
問1	グループ		2/3
	文房具	ぶんぼうぐ	2/3
	調理器具	ちょうり－きぐ	1
	運動用具	うんどう－ようぐ	外
問3	気をつける	きを　つける	
	健康管理	けんこう－かんり	2/3
	やめる		4
	睡眠をとる	すいみんを　とる	
■ 第1課　日本語で世界の友をつくる			
前	目的	もくてき	2/3
	母語	ぼご	外
	コミュニケーション		2/3
段2	新入生	しんにゅうせい	1
段3	進学	しんがく	2/3
	就職	しゅうしょく	2/3
	教養	きょうよう	2/3
	さまざまな [様々な]		2/3
	目指す	めざす	2/3
	ところで		2/3
段4	実は	じつは	2/3
	～種類	～しゅるい	2/3
	情報	じょうほう	2/3
	授受	じゅじゅ	外
	道具	どうぐ	4
	人工知能	じんこう－ちのう	2/3
	発達	はったつ	2/3
	機械	きかい	4
	ある程度	ある－ていど	
	可能な	かのうな	2/3
	扱う	あつかう	2/3
	つなぐ		2/3
	つまり		2/3
	関係	かんけい	4
	どうせ		2/3
	学ぶ	まなぶ	2/3
	相手	あいて	2/3

	ことば	読み方	級
段5	リンガフランカ		外
	共通語	きょうつう－ご	2/3
	出会う	であう	2/3
	かけがえのない		
	仲間	なかま	2/3
	一つ一つ	ひとつひとつ	
	固有	こゆう	1
	一生	いっしょう	2/3
	宝物	たから－もの	外
段6	(お)祝い [＜祝う]	(お)いわい	4
全1	解説	かいせつ	2/3
	専門知識	せんもん－ちしき	2/3
	提言	ていげん	外
言1	共通	きょうつう	2/3
言4	社会人	しゃかいじん	4
認1	身につける	みに　つける	2/3
認2	友人	ゆうじん	2/3
	受け取る [受ける＋取る]	うけとる	2/3
	指定する	してい－する	2/3
	インターネット		外
	悩み事	なやみ－ごと	1
	解決策	かいけつ－さく	1
認3	人間	にんげん	2/3
	分野	ぶんや	2/3
	味わう	あじわう	2/3
	美術	びじゅつ	1
	やりとりする		外
	～力	～りょく	2/3
認4	(～を)通して	(～を)とおして	2/3
	国々	くにぐに	外
	各地	かくち	2/3
■ 第2課　勇気を出して			
夕	勇気を出す	ゆうきを　だす	
前	感じる	かんじる	2/3
	伝わる	つたわる	2/3
段1	経つ	たつ	2/3
	先輩	せんぱい	4
	お好み焼き	お－このみ－やき	外
段2	店主	てんしゅ	外
	まったく～ない [全く～ない]		
	メニュー		2/3
	まずい		外
	近づく	ちかづく	2/3

	話しかける [話す＋かける]	はなし－かける	2/3
	手振り [＜手＋振る]	てぶり	2/3
	理解する	りかい－する	2/3
	ピザ		外
	イタリア		外
	初対面	しょ－たいめん	外
	一気に	いっきに	外
	距離	きょり	2/3
	縮まる	ちぢまる	1
段3	緊張する	きんちょう－する	2/3
	自信	じしん	2/3
	相手	あいて	2/3
	届く	とどく	2/3
段4	学ぶ	まなぶ	2/3
	上達する	じょうたつ－する	2/3
	間違う	まちがう	2/3
	思い [＜思う]	おもい	外
全1	学習者	がくしゅう－しゃ	2/3
	立場	たちば	2/3
	努力	どりょく	2/3
	注意深い [注意＋深い]	ちゅうい－ぶかい	4
	態度	たいど	2/3
	積極的な	せっきょく－てきな	2/3
	コミュニケーション		2/3
	勧め [＜勧める]	すすめ	1
言1	留学先	りゅうがく－さき	1
	食生活	しょく－せいかつ	外
言2	老人	ろうじん	2/3
言3	通じる	つうじる	2/3
認2	きっかけ		2/3
認3	表面的な	ひょうめん－てきな	2/3
	～とともに		
	聞き取る [聞く＋取る]	ききとる	5
認5	情報	じょうほう	2/3
	授受	じゅじゅ	外
	つなぐ		2/3
	つまり		2/3
	関係	かんけい	4
読	スピーチ		2/3
	～をもとにした [～を元にした]	～を もとに した	
	書き言葉 [書く＋言葉]	かき－ことば	5
	もとの [元の]	もと－の	2/3
	話し言葉 [話す＋言葉]	はなし－ことば	5

	スタイル		2/3
	表現	ひょうげん	2/3
	違い [＜違う]	ちがい	5
	比べる	くらべる	4
	苦手な	にがてな	2/3
	キャンパス		2/3
	見あたる [見る＋当たる]	みあたる	2/3
	やばい		外

■ 頭と言葉のエクササイズ②

	メタ・コンテンツ		外
	中心	ちゅうしん	2/3
	機能	きのう	2/3
	役割	やくわり	2/3
	表す	あらわす	2/3
	紹介	しょうかい	4
	解説	かいせつ	2/3
	提案	ていあん	2/3
	抽象的な	ちゅうしょう－てきな	2/3
	理解する	りかい－する	2/3
	内容	ないよう	2/3
	すっきりと		2/3
	知的な	ち－てきな	1
	まとめる		2/3
	だらだらと		外
問2	誘う	さそう	2/3
	さわやかな [爽やかな]		2/3
	高原	こうげん	1
	ビスケット		外
	気になる	きに　なる	
	みやげもの屋 [土産物屋]	みやげもの－や	外
	受け取る [受ける＋取る]	うけとる	2/3
	申し訳ない	もうしわけない	
	毎回	まい－かい	外
	発言	はつげん	1

■ 第3課　山道でクマに出合ったら

タ	クマ		外
	出合う [＝出会う]	であう	2/3
前	正解	せいかい	1
	項目	こうもく	2/3
	哺乳類	ほにゅう－るい	外
	爬虫類	はちゅう－るい	外
	両生類	りょうせい－るい	外
	甲殻類	こうかく－るい	外
	軟体動物	なんたい－どうぶつ	外
	植物	しょくぶつ	2/3

	微生物	びーせいぶつ	外
	ウイルス		1
	昆虫	こんちゅう	1
	厳密な	げんみつな	1
	生物	せいぶつ	2/3
	分類	ぶんるい	2/3
段1	人間	にんげん	2/3
	攻撃する	こうげきーする	2/3
	領域	りょういき	1
	基本	きほん	2/3
段2	ポイント		1
	うっかり		2/3
	スズメバチ		外
	野生	やせい	1
	あわてる [慌てる]		2/3
	逃げ出す [逃げる＋出す]	にげだす	1
段3	守る	まもる	2/3
	数	かず	2/3
	種類	しゅるい	2/3
	ヒル		外
	ダニ		外
	近づく	ちかづく	2/3
段4	突然	とつぜん	2/3
	登山道 [登山＋道]	とざんーどう	2/3
	略	りゃく	外
段5	パニック		外
	防ぐ	ふせぐ	2/3
	鈴	すず	2/3
	鳴らす	ならす	2/3
	手を叩く	てを　たたく	2/3
段6	万が一	まんがいち	2/3
	目を合わせる	めを　あわせる	
	離れる	はなれる	2/3
段7	逃げる	にげる	4
	追いかける	おいかける	2/3
	性質	せいしつ	2/3
	岩	いわ	2/3
	隠れる	かくれる	2/3
全1	山歩き [山＋歩き、＜歩く]	やまーあるき	5
	起こる	おこる	2/3
	報告	ほうこく	2/3
言3	落ち着く [落ちる＋着く]	おちつく	2/3
	助ける	たすける	2/3
言4	向ける	むける	2/3
認1	法律	ほうりつ	4
	身を守る	みを　まもる	

	方法	ほうほう	2/3
認2	可能性	かのうーせい	2/3
認5	二重	にーじゅう	外
認7	伝える	つたえる	4

■ 第4課　面接は何で決まる？

夕	面接	めんせつ	2/3
前	進学	しんがく	2/3
	就職	しゅうしょく	2/3
	受ける	うける	2/3
	～官	～かん	1
段1	基準	きじゅん	2/3
	判断する	はんだんーする	2/3
段2	内田樹	うちだーたつる	外
	大手	おおて	外
	出版社	しゅっぱんーしゃ	2/3
	編集者	へんしゅうーしゃ	2/3
	数～	すう～	2/3
	～者	～しゃ	2/3
	～秒	～びょう	2/3
	合格	ごうかく	2/3
	受験	じゅけん	2/3
	合否	ごうひ	外
段4	じっくり		外
	それとも		2/3
	瞬間	しゅんかん	2/3
全1	応募	おうぼ	1
	人数	にんずう	外
言2	よりどころ [拠り所]		外
言6	インタビュー		2/3
認2	就職活動	しゅうしょくーかつどう	2/3
	読者	どくしゃ	1
	結果	けっか	2/3
	強調する	きょうちょうーする	2/3
認3	きちんと		2/3

■ 第5課　「とりあえず」の力

夕	とりあえず		1
前	慎重な	しんちょうな	2/3
	行動する	こうどうーする	2/3
	悩む	なやむ	2/3
段1	原稿	げんこう	2/3
段2	スピーチコンテスト [スピーチ＋コンテスト]		1
	迷う	まよう	2/3
段4	注文	ちゅうもん	2/3
	ビール		2/3
	具合	ぐあい	4
	あるいは		2/3
	素直な	すなおな	2/3
	親	おや	2/3

	受験	じゅけん	2/3
	あきらめる [諦める]		2/3
段5	大した	たいした	2/3
	気楽な	きらくな	2/3
	励ます	はげます	1
	思い悩む [思う＋悩む]	おもい－なやむ	2/3
	前向きな	まえむきな	外
	やる気	やるき	外
	引き出す [引く＋出す]	ひきだす	2/3
	勇気づける [勇気＋付ける]	ゆうき－づける	2/3
	態度	たいど	2/3
	恐ろしい	おそろしい	2/3
段6	瞬間	しゅんかん	2/3
	全国	ぜん－こく	2/3
	経済大国	けいざい－たいこく	
	根性	こんじょう	外
	～とともに		
段7	発揮する	はっき－する	2/3
	留学	りゅうがく	2/3
	(～に)対する	(～に)たいする	2/3
	不安	ふあん	2/3
	選ぶ	えらぶ	4
	果たして	はたして	2/3
	選択	せんたく	2/3
	愚かな	おろかな	1
	決定	けってい	2/3
	信じる	しんじる	2/3
	充実する	じゅうじつ－する	1
段8	気づく	きづく	2/3
	結果	けっか	2/3
	こだわる		1
	得る	える	2/3
全1	歴史	れきし	4
	由来	ゆらい	外
	(～に)関する	(～に)かんする	1
	考察	こうさつ	1
	(～に)基づく	(～に)もとづく	2/3
	提案	ていあん	2/3
言3	重要な	じゅうような	2/3
言6	～とは限らない	～とは かぎらない	
認1	ほんの		2/3
	一言	ひとこと	2/3
	信用する	しんよう－する	2/3
認2	決断する	けつだん－する	1
	実行	じっこう	2/3
	移す	うつす	2/3
認4	後悔する	こうかい－する	1

	物事	ものごと	2/3
	しかたがない		
	運を天に任せる	うんを　てんに　まかせる	
	いいかげんな		1
認5	恐れ	おそれ	2/3
	予想する	よそう－する	1

■ 第6課　異文化適応プロセス
いぶんかてきおう

タ	異文化適応	いぶんか－てきおう	外
	プロセス		1
前	留学	りゅうがく	2/3
	海外移住	かいがい－いじゅう	1
	環境	かんきょう	2/3
段1	変化	へんか	2/3
段2	ハネムーン期	ハネムーン－き	外
	全て	すべて	2/3
	新鮮な	しんせんな	2/3
	元の	もと－の	2/3
	受け取る [受ける＋取る]	うけとる	2/3
	カルチャーショック [カルチャ＋ショック]		外
	ステージ		2/3
	伝わる	つたわる	2/3
	理解する	りかい－する	2/3
	イライラする		外
	ストレス		1
	溜まる	たまる	2/3
	やがて		2/3
	訪れる	おとずれる	1
	物事	ものごと	2/3
	冷静な	れいせいな	2/3
	全体	ぜんたい	2/3
	曲線	きょくせん	2/3
段3	来日	らいにち	2/3
	スムーズな		外
	適応する	てきおう－する	1
	大間違い [＜間違う]	おお－まちがい	2/3
段4	何でも	なんでも	2/3
	～たび [～度]		2/3
	叫ぶ	さけぶ	2/3
	～パーセント		2/3
	割引 [＜割り引く]	わりびき	2/3
	感動する	かんどう－する	2/3
	知り合い	しりあい	2/3
	夢中で	むちゅう－で	2/3
段5	～後	～ご	2/3
	吐き出す [吐く＋出す]	はきだす	2/3

	痰	たん	外
	目につく［目に付く］	めに　つく	
	ホーム ［＜プラットホーム］		2/3
	吐く	はく	2/3
	マスク		2/3
	腹筋	ふっきん	外
	全力	ぜんりょく	2/3
	咳	せき	2/3
	くしゃみ		2/3
	メッセージ		1
	既読スルー	きどく－スルー	外
	遊び ［＜遊ぶ］	あそび	4
	誘い ［＜誘う］	さそい	外
	断る	ことわる	2/3
	クラスメート		外
	聞き役 ［聞く＋役］	きき－やく	4
	感謝する	かんしゃ－する	2/3
段6	経つ	たつ	2/3
	飛ばす	とばす	2/3
	サラリーマン		2/3
	ほう		外
	感心する	かんしん－する	2/3
	期待する	きたい－する	2/3
	落ち込む ［落ちる＋込む］	おちこむ	1
段7	たどる［辿る］		1
	普段	ふだん	2/3
	周囲	しゅうい	2/3
	楽な	らくな	2/3
	当初	とうしょ	外
	目標	もくひょう	2/3
	抜け出す ［抜ける＋出す］	ぬけだす	1
全1	～自身	～じしん	2/3
	交流	こうりゅう	2/3
	ふりかえり ［＜振り返る］		1
	推測	すいそく	1
	～による		2/3
	体験的な	たいけん－てきな	1
	専門的な	せんもん－てきな	2/3
	立場	たちば	2/3
	アドバイス		外
	批判	ひはん	2/3
言2	実際	じっさい	2/3
言3	美しい	うつくしい	4
	充実する	じゅうじつ－する	1

	助ける	たすける	2/3
	現実	げんじつ	2/3
	面	めん	2/3
	相手	あいて	2/3
	ただの		2/3
	がっかりする		2/3
言4	カラオケ		外
言5	状態	じょうたい	2/3
	感じる	かんじる	2/3
認1	関係	かんけい	4
認3	努力する	どりょく－する	2/3
	上下する	じょうげ－する	2/3
	おそらく［恐らく］		2/3
	一部	いちぶ	2/3
	専門家	せんもん－か	4
	頼る	たよる	2/3
認4	～度	～ど	1
	時期	じき	2/3
	縦軸	たて－じく	1
	横軸	よこ－じく	1
	一般的な	いっぱん－てきな	2/3
	起こる	おこる	2/3

■ 第7課　頭が良くなる勉強法

		あたま　よ　　　　　　　　　ほう	
タ	東大	とう－だい	外
	家庭教師	かてい－きょうし	2/3
	～法	～ほう	2/3
前	身につける	みに　つける	2/3
段1	理解	りかい	2/3
	深まる	ふかまる	2/3
	学ぶ	まなぶ	2/3
	知識	ちしき	2/3
	さらに		2/3
	感じる	かんじる	2/3
段2	教わる	おそわる	2/3
	意識	いしき	2/3
	無意識	む－いしき	外
	レベル		2/3
段3	気づく	きづく	2/3
	きっかけ		2/3
段4	メリット		外
	（～に）対して ［＜対する］	（～に）たいして	
	相手	あいて	2/3
	深める	ふかめる	1
段6	～にくい		2/3
	実は	じつは	2/3
段7	あるいは		2/3
	解決する	かいけつ－する	2/3
	新たな	あらたな	2/3

	研究者	けんきゅう－しゃ	2/3
言3	様子	ようす	2/3
言5	悲しみ [<悲しむ]	かなしみ	2/3
	困難	こんなん	2/3
認2	メリット		外
認3	数	かず	2/3
認4	結果	けっか	2/3
	イメージする		2/3
認5	ルール		1
	情報	じょうほう	2/3
	役立つ	やくだつ	2/3
	学習する	がくしゅう－する	2/3
認6	不思議な	ふしぎな	2/3
	ユニークな		1
	重要な	じゅうような	2/3

■ 頭と言葉のエクササイズ④

	基準	きじゅん	2/3
	条件	じょうけん	2/3
	さまざまな [様々な]		2/3
	住まい	すまい	2/3
	距離	きょり	2/3
	家賃	やちん	2/3
	区別する	くべつ－する	2/3
問1	不動産屋	ふどうさん－や	1
	担当者	たんとう－しゃ	2/3
	物件	ぶっけん	外
	希望	きぼう	2/3
	環境	かんきょう	2/3
	重要な	じゅうような	2/3
問2	進学する	しんがく－する	2/3
	都内	とない	外
	学ぶ	まなぶ	2/3
	専門	せんもん	4
	やりがいのある		
	給与	きゅうよ	2/3
	内容	ないよう	2/3
問3	価格	かかく	2/3
	機内	きない	外
	持ち込み [持つ＋込む]	もちこみ	4
	～泊～日	～はく～か	
	～用	～よう	
問4	宿泊先	しゅくはく－さき	1
	タイプ		4
	ビジネスホテル [ビジネス＋ホテル]		1
	予算	よさん	2/3
	最低	さいてい	2/3
	泊まる	とまる	4

	～畳	～じょう	2/3
	メイン		外
	ユースホステル		外
問5	一般的な	いっぱん－てきな	2/3
	思いつく [思う＋つく]	おもいつく	2/3
	挙げる	あげる	外
	交通機関	こうつう－きかん	2/3
	観光スポット	かんこう－スポット	外
	費用	ひよう	2/3

■ 第9課　13歳のハローワーク

夕	ハローワーク		外
前	夢	ゆめ	4
段1	手に入れる	てに いれる	
	種類	しゅるい	2/3
	職業	しょくぎょう	2/3
	作家	さっか	2/3
	職業につく [就く]	しょくぎょうに つく	
	略	りゃく	外
段2	好奇心	こうき－しん	外
	得る	える	2/3
	つまり		2/3
	(～に)向く	(～に)むく	2/3
	基本的な	きほん－てきな	2/3
段3	満たす	みたす	1
	飽きる	あきる	2/3
	集中する	しゅうちゅう－する	2/3
段4	努力	どりょく	2/3
	訓練	くんれん	2/3
	続ける	つづける	2/3
	有利な	ゆうりな	2/3
	充実感	じゅうじつ－かん	1
	成功する	せいこう－する	2/3
	可能性	かのう－せい	2/3
段5	～として		
	現実的な	げんじつ－てきな	2/3
	すべて [全て]		2/3
	自信	じしん	2/3
	内気な	うちきな	外
	貧しい	まずしい	2/3
	ぼうだいな [膨大な]		2/3
全1	(～に)向ける	(～に)むける	2/3
	メッセージ		1
言3	がまんする [我慢する]		2/3
認1	作家	さっか	2/3
認2	特別な	とくべつな	4
	才能	さいのう	2/3
認3	前提	ぜんてい	1
	定義	ていぎ	1

	なぜなら		2/3
	論点	ろんてん	外
	不利な	ふりな	2/3
認5	不可能	ふ－かのう	外
	未来	みらい	2/3
	可能	かのう	2/3
	(〜に)向かう	(〜に)むかう	4
	何度でも	なんどでも	5
	やり直す [やる＋直す]	やりなおす	4
認6	信じる	しんじる	2/3
	人生	じんせい	2/3

■ 第10課　間違いだらけの職業選び　まちがい　しょくぎょうえらび

夕	間違い [＜間違う]	まちがい	2/3
	〜だらけ		2/3
	職業	しょくぎょう	2/3
	〜選び [＜選ぶ]	〜えらび	4
前	得意な	とくいな	2/3
	役に立つ	やくに　たつ	4
	稼ぐ	かせぐ	2/3
	楽な	らくな	2/3
段1	さて		2/3
	目標	もくひょう	2/3
	(〜に)就く	(〜に)つく	4
段3	ベストセラー		1
	ローティーン		外
	案内書	あんない－しょ	1
	構成	こうせい	2/3
	僕	ぼく	4
	プロ		2/3
	選手	せんしゅ	2/3
	歌手	かしゅ	2/3
	確率	かくりつ	2/3
	誰一人	だれひとり	5
	本田圭佑	ほんだ－けいすけ	外
	イチロー		外
	浜崎あゆみ	はまさき－あゆみ	外
	当たり前	あたりまえ	2/3
段4	世の中	よのなか	2/3
	挫折する	ざせつ－する	外
	人間	にんげん	2/3
	あふれる		2/3
	人生	じんせい	2/3
	暗い	くらい	5
	過ごす	すごす	2/3
	指導	しどう	2/3
	受ける	うける	2/3
	不幸な	ふこうな	2/3

段5	選ぶ	えらぶ	4
	結構	けっこう	5
	それなりに		
	現実的な	げんじつ－てきな	2/3
全1	(〜に)向ける	(〜に)むける	2/3
	メッセージ		1
認1	画家	がか	2/3
認2	勧める	すすめる	2/3
認3	成功する	せいこう－する	2/3
認4	あきらめる [諦める]		2/3
	努力する	どりょく－する	2/3
対1	それぞれ		2/3
	手に入れる	てに　いれる	
対2	対象	たいしょう	2/3
	テーマ		2/3
	主張	しゅちょう	2/3
	参考	さんこう	2/3
	基準	きじゅん	2/3
	論点	ろんてん	外
	自身	じしん	2/3

■ 頭と言葉のエクササイズ⑤　あたま　ことば

	事実	じじつ	2/3
	区別する	くべつ－する	2/3
	読解	どっかい	外
	基本	きほん	2/3
	筆者	ひっしゃ	2/3
	含む	ふくむ	2/3
	客観的な	きゃっかん－てきな	1
	情報	じょうほう	2/3
	〜とは限らない	〜とは　かぎらない	
	自身	じしん	2/3
	主張	しゅちょう	2/3
	違い [＜違う]	ちがい	2/3
	文末	ぶんまつ	外
	表れる	あらわれる	外
	例	れい	2/3
問1	注目する	ちゅうもく－する	2/3
	〜世紀	〜せいき	2/3
	向かい	むかい	2/3
	コンビニ		外
	営業	えいぎょう	2/3
	行動	こうどう	2/3
	責任を持つ	せきにんを　もつ	
	距離	きょり	2/3
	約	やく	2/3
	冷暖房	れいだんぼう	外
	こまめに		外
	調節する	ちょうせつ－する	2/3

	語	読み	
問2	書き換える [書く＋換える]	かきかえる	2/3
	守る	まもる	2/3
	ランキング		外
	上位	じょーい	外
	挙がる	あがる	外
	励まし [＜励ます]	はげまし	1
	さらに		2/3
	伝聞	でんぶん	外
	推測	すいそく	1
	分ける	わける	2/3
	重要な	じゅうような	2/3

■第11課　自分は自分だからよい

	語	読み	
前	長所	ちょうしょ	2/3
	短所	たんしょ	2/3
	かくす [隠す]		2/3
段1	案外	あんがい	2/3
段2	重なる	かさなる	2/3
	他人	たにん	2/3
	目だつ [目立つ]	めだつ	2/3
	うらやましい [羨ましい]		2/3
	ところが		2/3
	目につく [目に付く]	めに　つく	2/3
	実は	じつは	2/3
	きらう [嫌う]		2/3
段3	一生	いっしょう	2/3
	気にする	きに　する	
	好く	すく	外
	気に入る	きに　いる	
	味がある	あじが　ある	
段4	人間	にんげん	2/3
	もともと [元々]		2/3
	それぞれ		2/3
	性格	せいかく	2/3
	才能	さいのう	2/3
	容姿	ようし	外
	重なりあう [重なる＋合う]	かさなりあう	2/3
	僕	ぼく	4
	すべて [全て]		2/3
段5	まず		4
	～にとって		
	認める	みとめる	2/3
全1	アドバイス		外
	約束	やくそく	4
認1	なおす [直す]		4
認4	方法	ほうほう	2/3
認5	目を向ける	めを　むける	

	語	読み	
	姿	すがた	2/3
	鏡	かがみ	4
認6	含める	ふくめる	2/3
	受け止める [受ける＋止める]	うけとめる	1
	人生を送る	じんせいを　おくる	
	アピールする		外

■頭と言葉のエクササイズ⑥

	語	読み	
	前提	ぜんてい	1
	判断	はんだん	2/3
	行動	こうどう	2/3
	理由	りゆう	4
	当然な	とうぜんな	2/3
	わざわざ		1
	意識	いしき	2/3
	隠れる	かくれる	2/3
問1	外出	がいしゅつ	2/3
	気づく	きづく	2/3
	戻る	もどる	4
	めったに～ない		
問2	うっかり		2/3
	面接	めんせつ	2/3
	しまった		
	コンビニ		外
	助かる	たすかる	2/3
	バーベキュー		外

■第12課　希望のキャンプ

	語	読み	
夕	希望	きぼう	2/3
	キャンプ		2/3
	ふくしま [福島]		外
	キッズ		外
	夏季	かき	外
	林間学校	りんかん－がっこう	外
前	東日本大震災	ひがし－にほん－だい－しんさい	外
	津波	つなみ	1
	～による		
	原子力	げんし－りょく	外
	発電所	はつでん－しょ	2/3
	事故	じこ	4
	福島県	ふくしま－けん	外
	影響	えいきょう	2/3
A	放射能	ほうしゃのう	1
	気にする	きに　する	
	室内	しつない	外
	すごす [過ごす]		2/3
	せめて		2/3
	北海道	ほっかいどう	外
B	はじける		4

	いのち[命]		2/3
	招待する	しょうたい‐する	4
	プロジェクト		外
	どうしても		2/3
	大自然	だい‐しぜん	外
	解放する	かいほう‐する	2/3
	なにより		1
	出会う	であう	2/3
	つながる[繋がる]		2/3
	感じる	かんじる	2/3
	見捨てる[見る+捨てる]	みすてる	外
	絆	きずな	外
	うんと		2/3
	深める	ふかめる	1
	つながりあう[繋がる+合う]		2/3
	支える	ささえる	2/3
	共に	ともに	2/3
	実感	じっかん	2/3
	計る	はかる	2/3
	計算する	けいさん‐する	2/3
	安全	あんぜん	4
	能力	のうりょく	2/3
	点数をつける	てんすうを つける	
	喜び[<喜ぶ]	よろこび	2/3
	ハーモニー		外
	調和	ちょうわ	1
	生じる	しょうじる	1
	満ちる	みちる	2/3
	作家	さっか	2/3
C	開催	かいさい	1
	期間	きかん	2/3
	参加	さんか	2/3
	人数	にんずう	外
	募集	ぼしゅう	2/3
	対象	たいしょう	2/3
	原発	げんぱつ	外
	不安	ふあん	2/3
	抱える	かかえる	2/3
	賛同する	さんどう‐する	外
	在住	ざいじゅう	外
	家庭	かてい	5
	幼児	ようじ	2/3
	可	か	2/3
	障害	しょうがい	2/3
	児童	じどう	2/3
	実施	じっし	2/3
	地域	ちいき	2/3

	大沼	おおぬま	外
	～を中心に	～を ちゅうしんに	
	全道	ぜん‐どう	外
	受け入れ[受け入れる、<受ける+入れる]	うけいれ	1
	費用	ひよう	2/3
	生活保護	せいかつ‐ほご	外
	無料	むりょう	2/3
	不要	ふよう	外
	主催	しゅさい	1
全1	スケジュール		2/3
	(～に)対する	(～に)たいする	
	思い[<思う]	おもい	外
	概要	がいよう	1
言2	交通事故	こうつう‐じこ	4
言4	なるべく		4
	方法	ほうほう	2/3
	理由	りゆう	4
言8	～者	～しゃ	2/3
	全員	ぜんいん	2/3
認1	自由な	じゆうな	4
認2	年代	ねんだい	2/3
認3	減る	へる	2/3
認4	都会	とかい	2/3
	環境	かんきょう	2/3
	受験	じゅけん	2/3
	ストレス		1
認5	時代	じだい	4
認6	伝える	つたえる	4
認7	～年生	～ねんせい	2/3
	幼稚園	ようち‐えん	2/3
	一人っ子	ひとりっこ	外
	親	おや	2/3

■第13課 1の励ましが…

夕	励まし[<励ます]	はげまし	1
前	つらい[辛い]		2/3
	悩み[<悩む]	なやみ	1
	きっかけ		2/3
	苦しみ[<苦しむ]	くるしみ	2/3
	かかえる[抱える]		2/3
段1	ベランダ		外
	鉢植え[<鉢+植える]	はち‐うえ	外
	花をつける	はなを つける	
	あるいは		2/3
	わが～		2/3

	寝顔	ねーがお	外
	見つめる	みつめる	2/3
	ふと		2/3
	算数	さんすう	2/3
	不思議な	ふしぎな	2/3
	重荷	おもに	外
	支える	ささえる	2/3
	助け [＜助ける]	たすけ	1
	そうとも限らない [＜限る]	そうとも　かぎらない	
	たった		2/3
段2	詩人	しじん	2/3
	伊藤桂一	いとう－けいいち	
	微風	びふう	外
	詩	し	2/3
	掌	て／てのひら	1
	早春	そうしゅん	外
	陽ざし [＝陽射し、日差し]	ひざし	外
	生甲斐	いき－がい	1
段3	岩手県	いわて－けん	外
	陸前高田市	りくぜんたかた－し	外
	高田松原	たかた－まつばら	外
	津波	つなみ	1
	唯一	ゆいいつ	2/3
	奇跡	きせき	外
	松	まつ	2/3
	被災者	ひさい－しゃ	外
段4	亡くす	なくす	2/3
	絶望	ぜつぼう	1
	姿	すがた	2/3
	慰める	なぐさめる	2/3
	ついに		2/3
	枯死する	こし－する	外
	保存	ほぞん	2/3
	作業	さぎょう	2/3
	切断する	せつだん－する	外
段5	大震災	だい－しんさい	外
	英国	えいこく	外
	～面	～めん	2/3
	全面	ぜん－めん	外
	日の丸	ひのまる	1
	イラスト		外
	掲げる	かかげる	1
	東北	とうほく	外
	唱歌	しょうか	外
	故郷	ふるさと	2/3
	凍える	こごえる	2/3
	数々	かずかず	外

全1	援助	えんじょ	2/3
	活動	かつどう	2/3
	募金	ぼきん	1
	ふりかえる [振る＋返る]		1
	希望	きぼう	2/3
	感謝	かんしゃ	2/3
	疑問	ぎもん	2/3
	伝える	つたえる	4
言2	まあまあ		2/3
	全くない	まったくない	
言3	感じる	かんじる	2/3
	枯れる	かれる	2/3
	生き残る [生きる＋残る]	いきのこる	4
認1	解決する	かいけつ－する	2/3
認2	エピソード		外
	(～に)当たる	(～に)あたる	外
認3	各国	かっこく	外
	寄せる	よせる	2/3
	降り注ぐ [降る＋注ぐ]	ふりそそぐ	2/3
	実際	じっさい	2/3
	太陽	たいよう	2/3
認4	毛布	もうふ	2/3
	メッセージ		1
	ささやかな		2/3
	救う	すくう	2/3
	各地	かくち	2/3
	届く	とどく	2/3
認5	事実	じじつ	2/3
	伝聞	でんぶん	外
	推測	すいそく	1
	分ける	わける	2/3
	記号	きごう	2/3
	できごと [出来事]		2/3
	含む	ふくむ	2/3
	客観的な	きゃっかん－てきな	1
	情報	じょうほう	2/3
	直接	ちょくせつ	2/3
	確かめる	たしかめる	2/3
	(～に)もとづいて [＜基づく]		
	自身	じしん	2/3
	主張	しゅちょう	2/3
読	ホームページ		外
	解説	かいせつ	2/3
	愛する	あいする	外
	白砂青松	はくしゃ－せいしょう	外
	～はもとより		

県	けん	4
内外	ないがい	外
来訪者	らいほう－しゃ	外
四季	しき	2/3
～を通して	～を　とおして	
約	やく	2/3
先人	せんじん	外
植林	しょくりん	外
守り育てる [守る＋育てる]	まもりそだてる	2/3
美しさ [＜美しい]	うつくしさ	4
詠む	よむ	外
昭和	しょうわ	外
名勝	めいしょう	外
陸中海岸	りくちゅう－かいがん	外
国立公園	こくりつ－こうえん	2/3
指定する	してい－する	2/3
海水浴	かいすい－よく	2/3
にぎわう		1
囲む	かこむ	2/3
遊歩道	ゆうほ－どう	外
憩い [＜憩う]	いこい	外
希少	きしょう	外
植物	しょくぶつ	2/3
存在する	そんざい－する	2/3
多様な	たような	1
生態系	せいたい－けい	外
育む	はぐくむ	外
まさに		2/3
象徴	しょうちょう	1
風景	ふうけい	2/3
平成	へいせい	外
地震	じしん	4
襲う	おそう	1
死者	し－しゃ	外
行方不明者	ゆくえ－ふめい－しゃ	1
（～に）のぼる		2/3
市街地	しがい－ち	外
～沿い	～ぞい	2/3
集落	しゅうらく	外
壊滅する	かいめつ－する	外
過去	かこ	2/3
度重なる	たび－かさなる	外
守る	まもる	2/3
流す	ながす	2/3
耐え残る [耐える＋残る]	たえのこる	1
奇跡的な	きせき－てきな	外

	海水	かいすい	外
	深刻な	しんこくな	2/3
	ダメージを受ける	ダメージを　うける	
	確認する	かくにん－する	2/3
	直後	ちょくご	2/3
	～のみならず		
	全～	ぜん～	2/3
	復興	ふっこう	1
	シンボル		外
	～として		
	親しむ	したしむ	1
	今後	こんご	2/3
	後世	こうせい	外
	受け継ぐ [受ける＋継ぐ]	うけつぐ	1
	モニュメント		外
	整備する	せいび－する	2/3
	プロジェクト		外

■ 第14課　天を恨まず （てん　うら）

夕	天	てん	1
	恨む	うらむ	2/3
	東日本大震災	ひがし－にほん－だい－しんさい	外
	直後	ちょくご	2/3
	階上中学校	はしかみ－ちゅうがっこう	外
前	卒業式	そつぎょう－しき	4
	スピーチ		2/3
	送辞	そうじ	外
	答辞	とうじ	外
段1	本日	ほんじつ	外
	未曾有の	みぞう－の	外
	傷	きず	2/3
	癒える	いえる	外
	～さなか [最中]		1
	挙行する	きょこう－する	外
段2	（～を）思わせる [＜思う]	（～を）おもわせる	4
段3	キラキラ		外
	日差し [＝陽射し]	ひざし	2/3
	希望	きぼう	2/3
	～に胸を膨らませる	～に　むねを　ふくらませる	
	学舎	まなびや	外
	揃って [＜揃う]	そろって	2/3
	巣立つ	すだつ	外
段4	前日	ぜんじつ	外
	一足早く [＜一足＋早い]	ひとあし　はやく	外

	思い出	おもいで	2/3
	詰まる	つまる	2/3
	アルバム		2/3
	思いを馳せる	おもいを　はせる	
	名付ける	なづける	1
	天変地異	てんぺん－ちい	外
	起こる	おこる	2/3
段5	防災	ぼうさい	外
	教育	きょういく	4
	内外	ないがい	外
	評価する	ひょうか－する	2/3
	訓練	くんれん	2/3
	自然	しぜん	2/3
	猛威	もうい	外
	人間	にんげん	2/3
	あまりにも		外
	無力な	むりょくな	外
	容赦なく	ようしゃ－なく	外
	奪う	うばう	2/3
	与える	あたえる	2/3
	試練	しれん	外
	むごい [酷い]		外
	つらい [辛い]		2/3
	悔しい	くやしい	2/3
	～てたまらない		2/3
段6	時計の針	とけい　の　はり	
	指す	さす	2/3
	～たまま		2/3
	時	とき	5
	確実な	かくじつな	2/3
	流れる	ながれる	2/3
	生かす	いかす	1
	者	もの	2/3
	～として		2/3
	常に	つねに	2/3
	思いやり [<思いやる]	おもいやり	外
	たくましい		1
段7	命	いのち	2/3
	代償	だいしょう	外
	苦境	くきょう	外
	運命	うんめい	1
	耐える	たえる	1
	助け合う [助ける＋合う]	たすけあう	2/3
	使命	しめい	1
段8	それぞれ		2/3
	人生	じんせい	2/3
	一歩	いっぽ	2/3

	踏み出す [踏む＋出す]	ふみだす	外
	地	ち	2/3
	仲間	なかま	2/3
	共有する	きょうゆう－する	外
	宝物	たから－もの	外
段9	後輩	こうはい	2/3
	過ごす	すごす	2/3
	あたりまえ [当たり前]		2/3
	いかに～か		1
	貴重な	きちょうな	2/3
	いとおしむ		外
	～方	～がた	2/3
	親身	しんみ	外
	指導	しどう	2/3
	地域	ちいき	2/3
	様々な	さまざまな	2/3
	支援	しえん	外
段10	歩む	あゆむ	1
	姿	すがた	2/3
	見守る	みまもる	外
	社会人	しゃかいじん	4
段11	誇り [<誇る]	ほこり	2/3
段13	平成	へいせい	外
	第～回	だい～かい	2/3
	卒業生	そつぎょう－せい	外
	代表	だいひょう	2/3
全1	直前	ちょくぜん	2/3
	始業式	しぎょう－しき	外
	PTA		外
	会長	かいちょう	外
	述べる	のべる	2/3
	感謝	かんしゃ	2/3
	決意	けつい	1
	(お)祝い [<祝う]	(お)いわい	4
	励まし [<励ます]	はげまし	1
	メッセージ		1
言2	当てはまる	あてはまる	2/3
言3	全員	ぜんいん	2/3
	参加する	さんか－する	2/3
言6	生き残る [生きる＋残る]	いきのこる	4
	命じる	めいじる	2/3
認1	実際に	じっさい－に	2/3
認3	感じる	かんじる	2/3
	当然な	とうぜんな	2/3
	経つ	たつ	2/3

	悲しみ [＜悲しい]	かなしみ	2/3
	乗り越える [乗る＋越える]	のりこえる	外
認4	(～に)対する	(～に)たいする	
認5	面	めん	2/3
	分ける	わける	2/3
	現在	げんざい	2/3
	翌日	よくじつ	1

頭と言葉のエクササイズ① 「具体」と「抽象」
ぐ たい ちゅうしょう

1. 調理器具：なべ、包丁、まな板、コンロなど
ちょうり き ぐ　　ほうちょう　　　いた

運動用具：ボール、ラケット、バット、グローブなど
うんどうよう ぐ

2.

生き物		
い　もの		
鳥	魚	虫
とり	うお	むし
ハト ツバメ カラス	マグロ タイ イワシ	カブトムシ ハチ トンボ

3. ① b.　　② e.　　③ a.　　④ d.

　ア）　夜 12 時までに寝る、寝る前に温かいお風呂に入る、など
　　　　　　　　　　　　　　　　あたた　　　　ふ ろ

　イ）　お昼ご飯にサラダを足す、肉をやめて魚にする、など
　　　ひる　　　　　　　　　た

※睡眠や食事に関する具体的な行動なら何でも可。「よく寝る」や「体に良いものを食べる」のような抽象的なも
　すいみん　しょくじ　かん　　ぐ たいてき　こうどう　　　なん　　か　　　　　　 ね　　　　　からだ　　よ　　　　　　　　た　　　　　　　　　　　ちゅうしょうてき
のは不可。
　　　ふ か

■ 第 1 課　日本語で世界の友をつくる
　　　　　　　　　　　　　　とも

全体把握

1. c., a., b.

言語タスク

1. a.　　**2.** 〈A〉　　**3.** d.　　**4.** b.

認知タスク

1. d.　　**2.** a.〈B〉　　b.〈A〉　　c.〈A〉　　d.〈B〉　　e.〈B〉　　**3.** d.　　**4.** c.

■ 第 2 課　勇気を出して
　　　　　　ゆうき

全体把握

1. a., c.　　**2.** c.

言語タスク

1. c.　　**2.** d.　　**3.** c.

4. ・｛筆者　(おばあさん)　両方｝が簡単な日本語と手振りで話してくれた。
　　　　ひっしゃ　　　　　　　　　　りょうほう　　かんたん　　　　　　　 て ぶ

　　・｛(筆者)　おばあさん・両方｝が理解できた。
　　　　　　　　　　　　　　　　　り かい

　　・｛筆者・おばあさん　(両方)｝がいろいろな話をした。

5. d.

認知タスク

1. a., b.　　**2.** d.　　**3.** c.　　**4.** b.　　**5.** 〈B〉

2. (1)感想・感謝　　(2)相談　　(3)提案・アドバイス
かんそう　かんしゃ　　　　そうだん　　　　ていあん

■ 第3課　山道でクマに出合ったら
やまみち　　　　で あ

全体把握

1. b., c., a., c.

言語タスク

1. c.　　　**2.** b.　　　**3.** a.　　　**4.** d.　　　**5.** a.

認知タスク

1. c.　　　**2.** a.　　　**3.** b.　　　**4.** 自分から人間を攻撃すること　　　**5.** b.
にんげん　こうげき

6. （クマに背中を見せないようにして目を合わせたまま）静かに後ろにさがるようにして離れていきます
せ なか　　　　　　　　　　　　　　あ　　　　　　　　しず　　　　　　　　　　　　　　　　　　はな

7. b.

■ 第4課　面接は何で決まる？
めんせつ　　　き

全体把握

1. a.　　　**2.** b.

言語タスク

1. a.　　　**2.** b.　　　**3.** b., d.　　　**4.** 大手出版社の編集者たち
おお て しゅっぱんしゃ　へんしゅうしゃ

5. c.　　　**6.** b.　　　**7.** a.　　　**8.** b., c.

認知タスク

1. | ド | ア | を | 開 | け | 〜 | 座 | っ | た | と | き |

2. c.　　　**3.** a.　　　**4.** b.

■ 第5課　「とりあえず」の力

全体把握

1. とりあえず, a., b.　　　**2.** b.

言語タスク

1. 「とりあえず、原稿書いてみな」　　　**2.** | 友 | 達 | と | 一 | 緒 | 〜 | て | み | よ | う | か |
げんこう

3. b., d.　　　**4.** b.　　　**5.** d.　　　**6.** c.

認知タスク

1. c.   2. b.   3. よいこと   4. a.

5.

	「とりあえず」という態度	反対の態度
将来のこと しょうらい	予想できない よそう	予想{ できる ・(できない) }
不安・失敗への恐れ ふあん しっぱい おそ	{ 強い ・(弱い) } よわ	{(強い)・ 弱い }
行動の仕方 こうどう しかた	すぐに行動を始める	迷ったり、先のことを思い悩ん まよ おも なや だりして、すぐに行動しない
結果 けっか	どんどん前向きに進む まえむ すす	前に進めない

■第6課　異文化適応プロセス
いぶんかてきおう

全体把握

1. a., b., a.   2. a.

言語タスク

1. | 外 | 国 | 人 | が | 海 | 外 | 〜 | 気 | 持 | ち | の | 変 | 化 |

2. 自分はスムーズに{(適応できる) 適応できない}と思ったことが間違いだった。
   てきおう

   実際は異文化適応プロセスと{(同じになった) 少し違った・全然違った}。
   いぶんかてきおう　　　　　　　　　　　　　ちが　　ぜんぜん

3. 期待しすぎて：c. ／落ち込む：f.

4. d.   5. d.

認知タスク

1. 知り合いに送ったメッセージが既読スルーされたり、遊びの誘いも断られたりした
   し あ　　　　　　　　　　　　　　　きどく　　　　　　　あそ　さそ　ことわ

2. b.   3. c.

4. (1),(2)

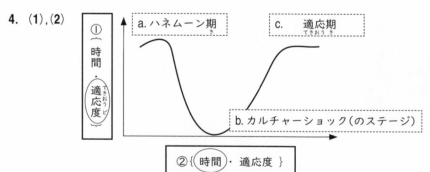

(3)

時期	一般的に起こりやすい状態 お	筆者の経験
a	エ	C, E
b	イ、ウ、オ	A, B, D
c	ア	F

全体把握

1. a., b.　　**2.** d.

言語タスク

1. c.

2. （1）（自分が）教わったことや学んだこと
　　　　　　　　　おそ　　　　　　まな

　　（2）意識では理解していても、無意識のレベルにまで行っていないから
　　　　い しき　　　り かい　　　　　　　　む い しき

3. 学んだことを無意識のレベルにまで持っていく（ため）
　　　まな　　　　　　　む いしき

4. わかっているつもりだったけれど、実はわかっていなかった：説明する側

　　　話を聞いていてわかりにくかった：説明される側

認知タスク

1. a.

2. 自分の「わかったつもり」に気づくこと／相手からの質問に答えることで、自分の知識が深まること
　　　　　　　　　　　　　　　き　　　　　あい て　　　　　　　　　　　　　　　　　　ち しき　ふか

　　　※「説明している側の知識も、どんどん充実していくこと」も可。
　　　　せつめい　　　がわ　ち しき　　　　　　　じゅうじつ　　　　　　か

3. d.

4. 一緒に考えること／調べる（調べて解決する）こと／新たなアイデアを出す（出して解決する）こと
　　　いっしょ　　　　　　　しら　　　　　かいけつ　　　　　あら　　　　　　　　　　　　かいけつ

5. b.　　**6.** a.

7.

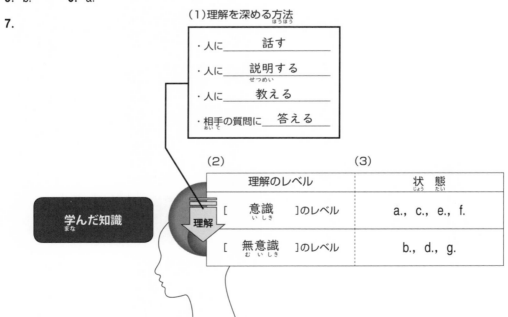

（1）理解を深める方法
　　　　　ほうほう

　　・人に＿＿＿＿話す＿＿＿＿

　　・人に＿＿＿説明する＿＿＿
　　　　　　　せつめい

　　・人に＿＿＿教える＿＿＿

　　・相手の質問に＿答える＿
　　　あい て

（2）　　　　　　　　　　　　　　（3）

理解のレベル	状　態
［　意識　］のレベル い しき	a., c., e., f.
［　無意識　］のレベル む いしき	b., d., g.

学んだ知識
まな

理解

頭と言葉のエクササイズ③　肯定？　否定？
　　　　　　　　　　　　　こうてい　　ひ てい

1. ①十分ではない　　②来ない　　③幸運だ　　④多い　　⑤人のミスだ　　⑥人のミスではない
　　　　　　　　　　　　　　　　　　こううん

　　⑦なれない　　⑧簡単ではない

■第8課　擬態語の楽しさ、奥深さ
　　　　　（ぎたいご）　　　　　（おくぶか）

【読む前に】

❶ 擬音語：がたごと，ざあざあ，ばたん，わんわん
　（ぎおんご）

　擬態語：きらきら，つるつる，のろのろ
　（ぎたいご）

【全体把握】

1. a., c.　　　2. d.

【言語タスク】

1. d.　　　2. オノマトペ

3. 保育士さんも子どもも、とても生き生きとクリエイティブに擬態語を使っている様子
　（ほいくし）　　　　　　　　　　（いい）　　　　　　　　　　　　　（ぎたいご）

4. ある　　　5. a.　　　6. c.

7. | 日 | 本 | 語 | を | ～ | き | る | こ | と | ／ | 擬 | 態 | 語 | は | ～ | 違 | う | こ | と |

8. a.

【認知タスク】

1. （　保育園　）に行って、
　（ほいくえん）

　（　保育士さんも子どもも、とても生き生きとクリエイティブに擬態語を使っている　）のを見たこと。
　（ほいくし）　　　　　　　　　　　　　　（いい）　　　　　　　　　　　　　　　（ぎたいご）

2. a.

3.

	日本語	英語
擬態語の数 （ぎたいご）（かず）	多い	少ない
痛みを相手に伝えること （いた）（あいて）（つた）	難しくない	とても難しい

4. d.　　　5. a. ×　　b. ×　　c. ○　　d. ×　　e. ○　　　6. c.

【頭と言葉のエクササイズ④】　「基準」と「条件」
　　　　　　　　　　　　　　　　（きじゅん）　（じょうけん）

1. Aさん：条件／Bさん：基準

2. ① 条件　　② 基準　　③ 条件　　④ 基準　　⑤ 条件

4.

	場所 （ばしょ）	タイプ	広さ （ひろ）	価格 （かかく）
Aさん	交通が便利なところ	ビジネスホテル	12㎡～	8000円以内 （いない）
Bさん	温泉の近く （おんせん）	旅館	8畳～ （じょう）	10000円ぐらい
Cさん	駅の近く	ユースホステル		3000円ぐらい

※「場所」のかわりに、「立地／ロケーション／地域」なども可。
　　　　　　　　　　（りっち）　　　　　　　　（ちいき）

　「価格」のかわりに、「金額／値段／コスト／費用／宿泊料金／予算」なども可。
　　　　　　　　　　（きんがく）（ねだん）　　　（ひよう）（しゅくはくりょうきん）（よさん）

5. ① コース内容、学費、立地、設備、知名度、教育の質、寮の有無、難易度…
　　　　　（ないよう）（がくひ）（りっち）（せつび）（ちめいど）（きょういく）（しつ）（りょう）（うむ）（なんいど）

　② 仕事の内容、収入、待遇、将来性、残業の有無、安定度、職場の雰囲気…
　　　　　　（ないよう）（しゅうにゅう）（たいぐう）（しょうらいせい）（ざんぎょう）（うむ）（あんていど）（しょくば）（ふんいき）

全体把握

1. 13歳の子ども，b.　　**2.** c.
　　　さい

言語タスク

1. 職業（仕事）／お金を手に入れるための仕事　　**2.** a.　　**3.** c.　　**4.** a.　　**5.** a.
　　　しょくぎょう

6. 大人になるためのぼうだいな時間

認知タスク

1. a.　　**2.** c.

3.

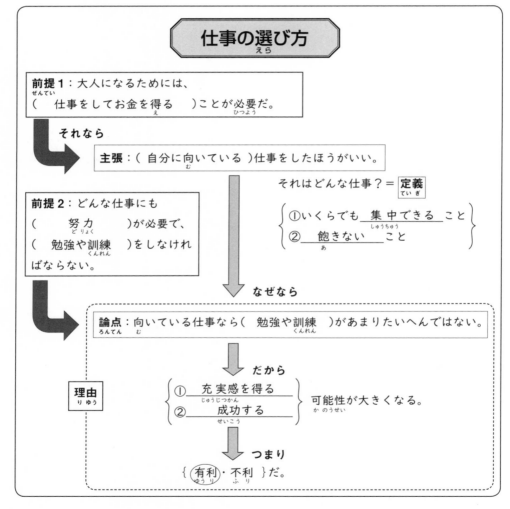

4. b.　　**5.** a., b., c.　　**6.** a., c., d.　　**7.** a.

■第10課　間違いだらけの職業選び

全体把握

1. a., a.　　**2.** b.

言語タスク

1. b.　　**2.** b.　　**3.** b., c.　　**4.** c.　　**5.** a.

認知タスク

1. c.　　**2.** c.　　**3.** a.　　**4.** b.　　**5.** b., c.

対比型タスク

1. 第9課の筆者 ⇒（　大人になるために必要なもの　）

第10課の筆者 ⇒（　勉強する大きな目標の一つ　）

2.

	第9課のテキスト 13歳のハローワーク	第10課のテキスト 間違いだらけの職業選び
対象	13歳の子ども	中学生や高校生
テーマ	将来の（　職業（仕事）　）をどのように選ぶか	
主張	職業を選ぶ時は、	
	自分がその仕事が好きか、向いている　　　　　かどうかを、	その仕事で自分が世の中の役に立てる　　　　　かどうかを、
	{参考 (基準) 目標}にするべきだ。	
論点	好きで向いていることなら勉強や訓練がたいへんではない。だから、有利で、成功する可能性が高いから。	①好きな仕事につける確率は低いから。 ②好きなことより世の中に役立つことを探すほうが現実的だから。

[発展]〈解答例〉

・第9課に近い。好きなことと関係のある仕事はいろいろある。その仕事につくために努力するのは楽しいし、意味があると思う。

・第10課に近い。仕事は趣味ではなく社会人の義務だと思う。好き嫌いよりも社会の役に立つことを考えるべきだと思う。

1. ①事実　　②事実　　③意見　　④意見　　⑤事実　　⑥意見

2. ①と考える人が多い、と父が言った、など

　　②本当に面白かった、今まで見た中で最高の作品だ、など

■ 第11課　自分は自分だからよい

全体把握

1. よいところ／長所，いやなところ／短所，b.　　　2. c.

言語タスク

1. a.

2.

	他人	自分
見え方	{(長所) 短所 }が目だつ	{ 長所 (短所) }が目につく
自分の気持ち	{(うらやましい) かくしたい }	{ うらやましい (かくしたい) }

3. b.　　　4. 人間がもともと持っているそれぞれの性格や才能や容姿

5. { 自分 ・(他人) } が {(自分)・ 他人 } を おもしろいと感じる。

認知タスク

1. b.　　　2. a.

3. その人のもともとの性格や才能や容姿のいいところと悪いところが重なりあって、他人から好かれたりきらわれたりしながらも、そのまま生きているということ。

4. c.　　　5. a.　　　6. a.

頭と言葉のエクササイズ⑥　「前提」って何？

1.

	判断・行動	その前提は？
細井さん	「大変だ！ すぐに戻ろう。」	どろぼうは(よくある)・めったにない }。
太田さん	「大丈夫だろう。」(戻らない)	どろぼうはめったにない。

2. （1）買える　　（2）買えない　　（3）持ってきてくれる

■第12課　希望のキャンプ

`全体把握`

1. A ___a.___　　B ___d.___　　C ___e.___

`言語タスク`

1. 何日：2011年3月11日／何の日：福島県にある原子力発電所で事故が起きた日

2. c.　　　**3.**（1）ふくしまキッズ夏季林間学校　（2）a.　（3）b.　　**4.** a.

5. 福島の子どもたちが感じたり、安心したり、深めたりする／筆者の希望

6. お金で計算し、安全を計り、能力に点数をつけようとすること

7. 喜びは（ハーモニーであり、調和であり、）かたちがなく、心に生じるものだから

8. a., d.

`認知タスク`

1. a., c.　　**2.** a.　　**3.** a., c., f., g.　　**4.** c.

5. 人と人が協力し、つながりあう力／支え支えられて共に生きているという実感

6. d.　　**7.** Aさん，Bさん

■第13課　1の励ましが…

`全体把握`

1. a., b.　　**2.** a.

`言語タスク`

1. ┃10┃の┃重┃荷┃を┃～┃こ┃と┃も┃あ┃る┃

2. c.　　**3.** b.　　**4.** a.×　　b.○　　c.×　　d.○　　e.×

`認知タスク`

1. d.

2.

	奇跡の一本松	英国の新聞	アフリカの子供たち
1の励まし	一本松の姿	「日の丸」と＜がんばれ、日本。がんばれ、東北＞の文字	日本語の歌（『故郷』）
100の重荷	家族を亡くした絶望（大震災の被害で傷ついた心）		

3. a.　　**4.** c.

5. 事実：D, H, I, J　　伝聞：G　　推測：E, F　　意見：A, B, C

※解答例は主に形式（文末表現）に注目した分け方です。内容（意味や意図）に注目すれば、別の分け方も可能です。

27

全体把握

1. b., c., b., a.

2. 後輩、先生、地域の人、両親、家族（卒業生／一緒に卒業する同級生）
こうはい　　　　ちいき　　　りょうしん　　　そつぎょうせい　いっしょ　　　　どうきゅうせい

言語タスク

1. 平成23年3月22日
へいせい

2.

	いつ	何の日
「10日前の3月12日」	d	エ
「前日の11日」	c	ア、ウ

3. c.　　　4. b.　　　5. 震災　　　6. b.
しんさい

7. （顔を上げ、）常に思いやりの心を持ち、強く、正しく、たくましく生きていく
かお　　　　つね　おも

（苦境にあっても、）天を恨まず、運命に耐え、助け合って　　　　　生きていく
くきょう　　　　　てん　うら　　　うんめい　た　　たす　あ

認知タスク

1. 予定：3月12日／実際に行われた日：3月22日
おこな

2. 東日本大震災が起こったから　　　　3. c.
ひがしにほんだいしんさい　お

4. お世話になった人への感謝　　（　1, 9, 12　）
せわ　　　　　　かんしゃ

これからの人生に対する決意　　（　6, 7, 8, 10　）
じんせい　たい　けつい

5.

	震災前	震災直後	現在
明るい	B, C, H, I		A, G, J
暗い		D, E	F